Guide linguistique à l'intention des imprimeurs

BIBLIOTHÈQUE ADMINISTRATIVE
Ministère des Communications du Québec
Éléments de catalogage avant publication

Bisson, Monique

Guide linguistique à l'intention des imprimeurs / Monique Bisson, Hélène Cajolet-Laganière, Normand Maillet. — Québec : Les Publications du Québec, 1989.

134 p. — (Cahiers de l'Office de la langue française. Terminologie technique et industrielle)
«Vocabulaire anglais-français»
«...préparé à la Direction de la francisation de l'Office de la langue française». — Verso de la p. de t.
Bibliogr. : p. 121-122.
ISBN 2-551-08475-X

1. Imprimerie — Terminologie 2. Documents administratifs — Dictionnaires 3. Français (Langue) — Dictionnnaire anglais 4. Anglais (Langue) — Dictionnaire français I. Cajolet-Laganière, Hélène II. Maillet, Normand III. Québec (Province). Office de la langue française. Direction de la francisation IV. Titre V. Collection.

A11 L3 T43/

Cahiers de l'Office
de la langue française

Guide linguistique à l'intention des imprimeurs

Monique Bisson   Hélène Cajolet-Laganière   Normand Maillet

Ce vocabulaire a été préparé à
la Direction de la francisation
de l'Office de la langue française.

Cette édition a été produite par
Les Publications du Québec
1279, boul. Charest Ouest
Québec (Québec)
G1N 4K7

Conception graphique de la couverture :
Michel Guay enr.

Premier tirage : décembre 1989,

Dépôt légal — 4e trimestre 1989
Bibliothèque nationale du Québec
Bibliothèque nationale du Canada
ISBN 2-551-08475-X

Avant-propos

Les imprimés constituent souvent pour le public son seul contact avec les entreprises et l'Administration. Il est donc important qu'ils reflètent le souci d'une langue de qualité. Comment rédige-t-on la raison sociale d'une entreprise? Quelles sont les principales règles typographiques? Comment doit-on faire l'organisation graphique d'un imprimé? Quelles sont les règles d'écriture d'une adresse? Le présent ouvrage répond à ces questions et à beaucoup d'autres.

Ayant passé presque vingt-cinq ans dans le monde des communications en qualité de journaliste, d'éditeur et de propriétaire d'une imprimerie, je suis à même de constater le bien-fondé de ce guide et de reconnaître son utilité pour les imprimeurs : c'est un document qui arrive au bon moment.

Je souhaite que les imprimeurs québécois y trouvent les moyens d'ajouter, dans leurs travaux, la qualité de la langue à la qualité de l'imprimerie.

Jean-Yvon Houle,
adjoint au président

Remerciements

La présentation de ce guide a été rendue possible grâce à la collaboration exceptionnelle d'imprimeurs des régions de l'Outaouais, de l'Estrie et de la Mauricie — Bois-Francs.

Nous tenons à remercier d'une manière particulière :

— Monsieur Raymond Jolicoeur, de l'Imprimerie Le Progrès de Hull, Monsieur Roger Vincent, de l'Imprimerie Roger Vincent ltée et Monsieur Robert Gauvin, de l'Imprimerie Gauvin et Fils, de la région de l'Outaouais ;

— Monsieur Fritz Horisberger, de l'Imprimerie Sherbrooke inc. et Monsieur Daniel Faucher, de l'Imprimerie Louis Faucher inc., de la région de Sherbrooke ;

— Mesdames Jacqueline Lacroix et Francine Dupont, de l'Imprimerie Art graphique inc. et Monsieur Gaston Dumont, de l'Imprimerie Saint-Patrice inc., de la région de Trois-Rivières.

Nous exprimons aussi notre gratitude à Madame Josée-Michelle Simard, à l'époque étudiante inscrite à la maîtrise en traduction à l'Université de Montréal, qui, dans le cadre d'un stage au Bureau d'animation de l'Office de la langue française à Trois-Rivières, a traité et dépouillé bon nombre d'imprimés administratifs.

Nos plus sincères remerciements vont également à Monsieur Pierre Collinge, professeur à l'Université de Sherbrooke, ainsi qu'à Mesdames Noëlle Guilloton, Marie-Éva de Villers et Monsieur Stéphane Tackels, de l'Office de la langue française, qui ont bien voulu accepter de réviser notre document.

Enfin, nous sommes reconnaissants à nos collègues des bureaux régionaux de l'Office de la langue française, qui nous ont fait part de leurs remarques et commentaires.

Les auteurs   Monique Bisson
Hélène Cajolet-Laganière
Normand Maillet

Table des matières

Introduction

Le présent ouvrage a été préparé à l'intention des imprimeurs et de toutes les personnes qui travaillent à la conception, à la rédaction et à la révision des imprimés administratifs. Les nombreux appels téléphoniques reçus par les différents services de consultation de l'Office de la langue française démontrent qu'il répond à un réel besoin.

La préparation de ce guide linguistique a été faite à la suite du dépouillement et du traitement de quelque cinq cents imprimés administratifs de tout genre provenant de sept imprimeries des régions de Hull, de Sherbrooke et de Trois-Rivières. Il a pour but de fournir un matériel de base afin d'uniformiser la présentation des imprimés administratifs et d'améliorer la qualité du français utilisé dans ces documents.

Le premier chapitre porte sur la présentation générale des imprimés : le texte de l'imprimé ainsi que son organisation et sa présentation graphique.

Le deuxième chapitre présente une série de remarques générales d'ordre linguistique, terminologique et typographique touchant tous les types d'imprimés : écriture de la raison sociale, utilisation des formes féminines, de l'impératif et de l'infinitif, du singulier et du pluriel, emploi de la majuscule, de l'abréviation et de la ponctuation, construction de phrases, etc.

Le troisième chapitre est consacré à la présentation d'imprimés types. Pour chacun des vingt et un imprimés choisis, on donne la définition, les éléments essentiels qui le composent de même que certains autres éléments additionnels. À titre indicatif, des exemples de ces imprimés complètent et illustrent ce chapitre.

Dans le quatrième chapitre, les auteurs ont relevé les erreurs de vocabulaire les plus fréquentes que l'on retrouve dans la rédaction des imprimés administratifs. Ils y ont ajouté les anglicismes abusifs les plus courants relatifs aux appellations d'emploi.

Le cinquième et dernier chapitre présente une bibliographie thématique des principaux ouvrages de référence.

Trois annexes complètent l'ouvrage : une liste des abréviations et symboles usuels, une liste des abréviations et symboles des provinces et territoires du Canada et quelques titres, fonctions et appellations de personnes au féminin.

Le guide se termine par une bibliographie des ouvrages sur le sujet et par un index alphabétique qui facilite le repérage des points traités.

Sans vouloir épuiser un si vaste sujet, les auteurs espèrent avoir cerné l'essentiel des problèmes que soulève quotidiennement la rédaction des imprimés administratifs. Cet ouvrage a surtout été conçu pour être un instrument de travail pratique et facile à consulter. De nombreux exemples concrets viennent illustrer les exposés théoriques.

Ils espèrent enfin que ce guide rendra service à tous ceux qui sont appelés à concevoir, à rédiger ou à réviser des imprimés administratifs.

Ils invitent leurs lecteurs à leur faire parvenir toute remarque ou tout commentaire qu'ils jugeraient à propos.

1

Présentation générale des imprimés

Les imprimés adminisratifs sont des outils de gestion indispensables pour tout genre d'organisme ou d'entreprise. Ils ont pour fonction, d'une part, de faire le lien entre les divers services et activités et, d'autre part, d'enregistrer, en vue de leur conservation, toutes les informations pertinentes au bon fonctionnement de l'entreprise. Ils ont également un grand impact auprès du public, car les imprimés constituent souvent pour celui-ci son seul contact avec l'administration.

Il importe donc qu'ils soient conçus et présentés avec le plus grand soin.

Il existe une très grande variété d'imprimés. Certains sont d'utilisation interne et demeurent à l'intérieur d'un service; d'autres, au contraire, circulent entre les services et très souvent même à l'extérieur de l'entreprise. Parmi les imprimés les plus courants, mentionnons :

- le bon de commande,
- le bon de travail,
- le bordereau de transmission,
- la carte d'invitation,
- la carte de membre,
- la carte professionnelle,
- la carte-réponse,
- le chèque,
- le connaissement,
- la demande d'achat,
- la demande d'emploi,
- l'en-tête de lettre et d'enveloppe,
- l'état de compte,
- la facture,
- la fiche de travail,
- le message téléphonique,
- le notagramme,
- l'inventaire,
- le rapport journalier,

- le reçu,
- la soumission.

Les pages qui suivent visent à donner quelques conseils quant à la rédaction de ces divers documents.

1.1 Texte de l'imprimé

Le texte de l'imprimé doit être clair et concis. Il doit être facilement compréhensible et exempt de toute mention inutile.

Parmi les principaux éléments du texte, mentionnons :

- les éléments d'identification (raison sociale, titres et références, etc.);
- les diverses rubriques;
- le cas échéant, les instructions relatives au mode d'emploi de la formule[1].

1.1.1 Raison sociale

La raison sociale de l'organisme ou de l'entreprise est généralement préimprimée sur le formulaire ou le papier à en-tête.

1.1.2 Titres et références

Le titre est un élément d'identification très important. Il doit permettre à l'utilisateur d'identifier rapidement la formule. Il doit par conséquent être simple et préciser le but ou l'objet de l'imprimé. Il est généralement placé en haut de la feuille et est écrit en toutes lettres pour éviter toute ambiguïté.

On attribue souvent à chaque modèle de formulaire un numéro destiné à faciliter le classement et la gestion des imprimés. Il s'agit là d'un numéro de référence déterminé en fonction d'un plan général de classification ou d'un système global de numérotation.

---

1. Dans l'usage courant, formule et formulaire sont des synonymes.

1.1.3 Rubriques diverses

Tous les éléments à recueillir doivent être groupés sous diverses rubriques et présentés en suivant un ordre logique que l'utilisateur peut facilement repérer et comprendre.

Il faut réduire au minimum le texte imprimé et se rappeler que ce qui importe, ce sont les renseignements notés par la personne qui remplira le formulaire.

1.1.4 Instructions relatives au mode d'emploi d'une formule

On notera en haut de l'imprimé les indications utiles quant à la manière de remplir le formulaire lorsque celles-ci portent sur l'ensemble des rubriques. Si, au contraire, elles ne s'appliquent qu'à l'une ou l'autre des sections, on les placera en tête de la rubrique qu'elles concernent. Enfin, on pourra indiquer au bas de l'imprimé des instructions relatives à son acheminement ou à son routage.

Note : Si les instructions à fournir constituent un texte d'une certaine longueur, il est recommandé d'imprimer celui-ci au verso du formulaire ou de le reproduire sur une feuille détachable.

Dans tous les cas, les instructions doivent être concises et rédigées dans un langage clair et simple.

1.2 Organisation graphique de l'imprimé

Une fois dressée la liste des rubriques, il s'agit de bâtir l'imprimé, c'est-à-dire d'analyser et de mettre en ordre tous les éléments devant figurer sur l'imprimé, de choisir le libellé et l'emplacement des titres, sous-titres et références, de déterminer les marges, blancs et interlignes et, enfin, de procéder à la mise en page et au mode d'impression du texte. Tous ces points doivent être traités en tenant compte de la manière dont le formulaire sera rempli, soit

à la machine à écrire, soit à la main, soit encore au moyen d'une machine comptable ou de l'ordinateur.

En ce qui concerne la disposition des éléments, on note trois grands types d'imprimés : les imprimés à lignes, les imprimés à cases et les imprimés à colonnes.

1.2.1 Imprimés à lignes

Dans ce type d'imprimés, les rubriques sont présentées les unes à côté des autres ou encore les unes en dessous des autres. On prévoit des lignes horizontales à côté des rubriques, afin de permettre à l'utilisateur d'inscrire les divers renseignements demandés.

1.2.2 Imprimés à cases

Cette présentation graphique de l'imprimé est de plus en plus utilisée et tend à supplanter celle de l'imprimé à lignes. Elle se présente sous la forme d'un ensemble de cases rectangulaires de dimensions variables. Chaque zone d'information regroupe une série de cases dans lesquelles l'utilisateur doit donner des informations concises et précises. Dans le cas de certains imprimés, les cases occupent toute la largeur de l'imprimé. Ce procédé est notamment utilisé pour les formules qui sont dactylographiées et pour lesquelles la longueur du texte à inscrire peut varier d'un utilisateur à l'autre.

L'indication de la rubrique est généralement placée à côté ou au-dessus de la mention manuscrite ou dactylographiée.

L'imprimé à cases présente de nombreux avantages. Non seulement il fait économiser l'espace, mais en outre il permet de regrouper plus facilement les informations par zones. Le remplacement des lignes discontinues et des lignes en pointillé par des cases simplifie de plus la composition de l'imprimé. Enfin, cette technique est plus précise et permet d'attirer l'attention du lecteur d'une manière plus efficace et de recueillir plus facilement l'information, qui, dans ce cas, est mieux cadrée.

Note : Si, pour faciliter la lecture ou le dépouillement, on doit numéroter les cases d'un formulaire, on le fera de gauche à droite et de haut en bas de l'imprimé.

1.2.3 Imprimés à colonnes

Les imprimés à colonnes sont le plus souvent utilisés dans le cas de tableaux comptables ou statistiques où l'on présente une série de chiffres, de données et d'indications de même nature qui doivent être comptés ou additionnés.

Il faut veiller à ce que la largeur des colonnes soit suffisante pour permettre à l'utilisateur d'inscrire sur une même ligne toute l'information nécessaire. Les titres de colonnes sont généralement imprimés horizontalement en haut de chaque colonne. Si l'on doit, pour des raisons d'espace, abréger un titre, il faut veiller à ce que cela ne crée pas d'hésitation chez le lecteur.

Exemple d'imprimé à lignes

Exemple d'imprimé à cases

			Renseignements personnels

Nom de famille		Prénom	N° d'assurance sociale

Adresse actuelle	N° Rue		N° de téléphone
	Ville	Province	Code postal

Adresse permanente	N° Rue		N° de téléphone
	Ville	Province	Code postal

Exemple d'imprimé à colonnes

Bon de commande

Date

Quantité	Désignation	Prix unitaire	Prix total

Livraison demandée le	N° de la commande	Signature

1.3 Présentation graphique de l'imprimé

Il est essentiel de rendre l'imprimé facile à remplir et également facile à exploiter. Outre la formulation claire, concise et précise des rubriques présentées et la disposition logique des éléments, le dessin, c'est-à-dire la présentation graphique du formulaire, contribue également à rendre celui-ci clair et attrayant. En se servant du dessin, de la disposition des titres, de la couleur et de divers autres procédés d'ordre graphique, il faut en arriver à concevoir un imprimé simple et agréable à utiliser.

Tout en se limitant à un graphisme sobre qui convient à ce genre de document, on pourra varier la présentation graphique de l'imprimé.

1.3.1 Filets, trames et grisés

Ceux-ci sont utilisés pour mettre en relief tel ou tel élément du formulaire.

Ils permettent de délimiter, par exemple, les différentes zones d'information, ce qui facilite la lecture et l'écriture du formulaire.

1.3.2 Marges et interlignes

Il importe de prévoir des marges suffisantes afin d'assurer une bonne lisibilité du formulaire, en tenant compte également de son mode de classement et de présentation. Quant aux interlignes, ils doivent être suffisants pour que l'on puisse lire facilement les informations inscrites par l'utilisateur.

1.4 Imprimés bilingues

Si l'on doit présenter des imprimés bilingues, diverses possibilités s'offrent à l'imprimeur, compte tenu de l'étendue et de la densité du texte.

a) On peut soit juxtaposer les deux textes, soit les placer l'un en dessous de l'autre. On veillera dans ce cas à placer la version française au-dessus. Si l'on manque d'espace, on optera plutôt pour la juxtaposition, qui laisse plus de place en hauteur pour l'inscription des renseignements.

b) On peut disposer les deux textes en deux colonnes. On veillera dans ce cas à placer la version française à gauche (processus normal de lecture).

c) Les deux textes peuvent être imprimés dos à dos, l'un au recto, l'autre au verso. La version française sera alors placée au recto de la feuille.

d) Toutefois, si l'imprimé comporte plusieurs pages, il est préférable de recourir à deux imprimés distincts. On précisera alors sur l'imprimé que l'utilisateur peut demander une version rédigée dans l'autre langue.

1.5 Standardisation des imprimés

La standardisation des imprimés a pour objet de faciliter la préparation des imprimés et d'en simplifier l'utilisation. Pour un même imprimé, le fait que tous les renseignements sont toujours placés au même endroit facilite grandement le travail de la personne qui doit le remplir ou simplement le lire et l'exploiter. L'imprimé se présente comme un ensemble de rubriques dont chacune a pour fonction de recueillir un renseignement différent. Son cadre étant défini d'une manière stricte, l'utilisateur doit fournir d'une façon concise le ou les renseignements demandés. À l'intérieur d'un même imprimé ou d'une série d'imprimés du même type, il faut donc veiller à une parfaite uniformité tant dans la présentation des rubriques que dans l'organisation graphique de l'imprimé.

2

Remarques générales d'ordre linguistique, terminologique et typographique touchant tous les types d'imprimés

2.1 Écriture de la raison sociale

La très grande majorité des imprimés comporte l'inscription de la raison sociale de l'organisme ou de l'entreprise d'où provient l'imprimé. Compte tenu du nombre important d'erreurs qui se glissent dans l'écriture des raisons sociales, nous avons jugé bon de présenter ici l'essentiel des règles qui président à leur formulation. Ces informations sont essentiellement tirées d'une publication de l'Office de la langue française intitulée *Les raisons sociales*[1].

Par raison sociale, on entend la dénomination propre qui sert à identifier une entreprise. Cette expression comprend, entre autres, les dénominations sociales, les noms de compagnies, les noms de sociétés, les noms sous lesquels les individus sont établis, les noms de coopératives et les noms d'associations.

Une raison sociale comporte généralement deux parties :

a) une partie générique, qui sert à identifier de façon générale une entreprise;

b) une partie spécifique, qui sert à distinguer nettement une entreprise d'une autre.

2.1.1 Symbole social (logotype ou logo) de l'organisme ou de l'entreprise

La plupart des organismes et entreprises ont un symbole graphique qui les identifie et les distingue. Ce symbole précède généralement l'inscription de leur nom et adresse.

Exemple :

 Gouvernement du Québec
**Office de la
langue française**

2.1.2 Utilisation de l'article

Il est préférable de ne pas utiliser l'article défini **le, la, les, l'** devant l'élément générique de la raison sociale.

Exemple :
Appareils électriques Ménard

et non

Les appareils électriques Ménard

2.1.3 Emploi du signe &

L'emploi de la perluète (&) est correct entre des patronymes ou entre des prénoms ou leurs initiales.

Exemples :
Ménard & Lesieur
Simard, Ménard & Lesieur
B. & L. Bolduc

Elle peut également être utilisée dans certaines expressions figées, telles que *& Fils, & Filles, & Associés, & Associées, & Cie.*

On ne doit jamais l'utiliser pour remplacer la conjonction *et* entre deux noms communs.

Exemple :
Meubles et accessoires de bureau
et non
Meubles & accessoires de bureau

2.1.4 Emploi de l'abréviation *Cie*

Le mot *compagnie* s'écrit en toutes lettres dans la partie générique de la raison sociale.

1. Office de la langue française, *Les raisons sociales*, Québec, Éditeur officiel du Québec, 1980, 18 p.

Exemple :
Compagnie minière Lefrançois

et non
Cie minière Lefrançois

L'abréviation est acceptable uniquement dans l'expression *et Cie* ou *& Cie.*

Exemple :
Établissements Luc Simoneau et Cie

2.1.5 Emploi des majuscules

On met une majuscule au premier mot du générique et au premier mot du distinctif de la raison sociale.

Exemples :
Meubles et accessoires de
bureau Letendre

Restaurant À la bonne fourchette
Agence de voyage Aventure

2.1.6. Indication du statut juridique : *ltée, enr., inc.*

Les termes *limitée, enregistrée* et *incorporée* doivent être écrits sous leur forme abrégée : *ltée, enr., inc.*

De plus, ils prennent la minuscule initiale, sauf évidemment lorsque la raison sociale est entièrement écrite en lettres majuscules.

Exemple :
Pharmacie Bellemare inc.

mais

PHARMACIE BELLEMARE INC.

2.2 Inscription du nom et de l'adresse de l'expéditeur ou du destinataire

L'inscription du nom et de l'adresse de l'expéditeur ou du destinataire pose de nombreux problèmes dans tous les types d'imprimés. Aussi, nous formulons ci-après certains principes de base, qui s'appuient sur ceux énoncés dans *Le français au bureau*, publié par l'Office de la langue française en 1988[1].

2.2.1 Prénom et nom de la personne

Dans un *prénom composé*, il y a toujours un trait d'union, et cela, même s'il est abrégé.

Exemple :
Jean-Paul Bolduc
J.-P. Bolduc

Si le prénom est suivi d'une initiale, il ne s'agit pas d'un prénom composé mais plutôt de deux prénoms accolés; il ne faut donc pas, dans ce cas, de trait d'union.

Exemple :
Bernard P. Michaud

Dans le cas de patronymes composés, on relie les deux noms par un trait d'union.

Exemple :
Claude Beaupré-Champagne

2.2.2 Indication de l'adresse

a) *Domicile*

Il faut mettre une virgule entre le numéro du domicile et le nom de la rue.

Exemples :
800, rue Saint-Luc
11560, avenue Simard
400A, rue Saint-Jean

Les mots *rue, boulevard, avenue, place, côte, chemin* doivent précéder le nom de la voie de communication. Ces mots gardent leur minuscule initiale lorsqu'ils sont à l'intérieur d'un énoncé. Il est permis d'abréger les mots boulevard (boul.) et avenue (av.); il est néanmoins préférable de les écrire en toutes lettres.

Il est incorrect d'écrire «800, Saint-Luc» au lieu de *800, rue Saint-Luc.*

---

1. CAJOLET-LAGANIÈRE, Hélène. *Le français au bureau*, Office de la langue française, Québec, Les Publications du Québec, 1988, 268 p.

Lorsque le distinctif de la voie de circulation est un numéro, les génériques *rue* et *avenue* prennent la majuscule.

Exemple :
Monsieur Paul Bernard
40, 8ᵉ Avenue

Lorsque le destinataire habite dans un immeuble comprenant plusieurs appartements, il faut mentionner le numéro de celui qu'il occupe, et cette mention est précédée d'une virgule.

Exemple :
Madame Lise Beaudet
15, rue Labonté, app. 2

On ne doit pas utiliser le symbole # (appelé communément dièse) pour remplacer le mot **appartement**.

Dans le cas d'immeubles de bureaux, il faut adresser la lettre au bureau ou à la porte identifiés par leur numéro.

Exemples :
bureau 14
porte 14

Il ne faut en aucun cas écrire «chambre X», qui est un calque de l'anglais «Room X», ni «suite», qui désigne un appartement de plusieurs pièces dans un grand hôtel.

Lorsque le nom d'une rue comprend plusieurs éléments (nom précédé d'un prénom, d'un titre, d'un qualificatif), on les joint par un trait d'union.

Exemples :
60, rue Pierre-Lebrun
111, avenue Sir-Wilfrid-Laurier
44, boulevard des Grandes-Fourches

La remarque convient également pour les mots composés.

Exemple :
16, rue Notre-Dame-des-Bois

b) *Points cardinaux*

Les mentions *est, nord, ouest, sud* s'écrivent avec une majuscule et sans trait d'union lorsque le point cardinal est déterminatif de l'élément générique d'un nom de rue. Ils se placent après le nom de la rue.

Exemple :
800, rue Sherbrooke Est

De même, si le point cardinal est déterminatif de l'élément spécifique, il est lié à ce dernier par un trait d'union et prend aussi la majuscule.

Exemple :
Autoroute des Cantons-de-l'Est

c) *Case postale*

Si la lettre est adressée à un bureau de poste, on écrira *case postale* ou *boîte postale*. Les abréviations C.P. (case postale) et B.P. (boîte postale) sont acceptées.

Le mot *succursale* (et non «station»), s'il y a lieu, doit s'employer pour désigner les bureaux de poste secondaires. L'abréviation est *succ.*

Exemples :
Société Radio-Estrie
Case postale 163
Succursale D

Société Radio-Estrie
C.P. 163, succursale D.

d) *Nom de la ville*

Le nom de la ville ne doit pas être abrégé et s'écrit en lettres minuscules (sauf l'initiale) ou en majuscules. Si le nom d'une ville comprend plusieurs éléments, on les joint par un trait d'union.

Exemples :
Saint-Jean-Port-Joli
Cap-de-la-Madeleine
Trois-Rivière-Ouest

e) *Nom de la province*

Il est recommandé d'inscrire ce nom en toutes lettres, entre parenthèses à côté du nom de la ville.

Il est à noter que l'on ne met pas de virgule devant la parenthèse.

Exemple :
Montréal (Québec)

L'Office de la langue française a normalisé le symbole *QC* pour désigner le Québec dans le cas où une abréviation est nécessaire. L'emploi de ce symbole est réservé à certains usages techniques : formulaires informatisés, tableaux statistiques, etc.; on ne doit donc pas l'utiliser dans les adresses.

f) *Code postal*

Le code postal termine la suscription. Il doit être utilisé selon les règles établies par la Société canadienne des postes.

Ainsi, le code doit toujours figurer en dernière place dans l'adresse, après la ville et la province.

Il doit figurer sur une ligne distincte de toutes les autres mentions. Cependant, si l'on manque de place, on peut inscrire le code sur la même ligne que la ville et la province, à condition qu'on le sépare de ce qui précède par un espace équivalant à au moins deux caractères de machine à écrire.

Les trois lettres du code doivent être écrites en majuscules.

Le code ne doit comprendre ni point, ni trait d'union, ni aucun signe de ponctuation et ne doit pas être souligné. Les deux groupes (lettres et chiffres) du code doivent être séparés par un espace équivalant à un caractère. Mentionnons enfin que le code postal doit être inscrit dans un espace de 26 mm (1 po) placé à au moins 19 mm (3/4 po) du bord inférieur de l'enveloppe.

Note : On ne met pas de virgule après chaque ligne d'une adresse ni de point à la fin.

2.2.3 Indication des numéros de téléphone, de télex et de télécopieur

Lorsque c'est nécessaire, le numéro de téléphone et, selon le cas, le numéro de télex et de télécopieur sont inscrits à la fin des mentions de l'adresse.

On place l'indicatif régional entre parenthèses, la parenthèse fermante étant suivie d'un espace, et l'on met un trait d'union après les trois premiers chiffres du numéro de téléphone.

Exemple :
(514) 873-4416

On peut également faire précéder le numéro des abréviations *tél.* et *téléc.*

Exemples :
Tél. : (819) 562-5640
Télex : 05-839606
Téléc. : (819) 566-5062

Exemple d'inscription du nom et de l'adresse de l'expéditeur ou du destinataire

Judith Richard
1600, rue de Lorimier
Montréal (Québec)
H2K 3W5

PERSONNEL

Monsieur Paul Martin
179, rue de l'Épée
Outremont (Québec)
H2V 3T1

Si l'on a à indiquer deux numéros de téléphone, on les placera l'un en dessous de l'autre.

Exemple :

Tél. : (819) 562-5640
566-8655

2.3 Utilisation du féminin

Dans les divers formulaires, il est recommandé de féminiser les désignations de titres, de postes et de fonctions dans tous les cas possibles, ainsi que dans la correspondance, lorsqu'on s'adresse directement à la personne en cause. Il en va de même pour les signatures et l'indication des titres et fonctions dans le texte des cartes professionnelles.

V. Annexe III Quelques titres, fonctions et appellations de personnes au féminin, p. 115.

Exemples :

Veuillez agréer, Madame la Ministre,...
Pauline Lesieur, animatrice
Micheline Beaubien
Agente d'information

Dans le libellé d'une invitation, on pourra écrire en toutes lettres la forme masculine et la forme féminine ou adopter une formulation qui inclut les deux genres :

Exemples :

Cette invitation est valable
pour deux personnes.

ou

Nous souhaitons votre présence
ainsi que celle de votre compagnon
ou compagne.

et non

Nous souhaitons votre présence
ainsi que celle de votre conjoint
ou conjointe.

Note : Conjoint, conjointe sont des termes à réserver aux écrits juridiques.

On procédera de la même façon dans la formulation des cartes-réponses, où l'on indiquera les deux formes, masculin et féminin.

Exemple :

Je serai présent	oui	☐
	non	☐
Je serai présente	oui	☐
	non	☐

On pourra également avoir recours à une formulation neutre ou encore au masculin pluriel englobant les formes féminines et masculines.

Exemples :

Je dois décliner l'invitation	☐
J'accepte l'invitation	☐

Nombre de personnes _____

ou

Nous serons présents	oui	☐
	non	☐

Nombre de personnes _____

Note : Il faut éviter l'utilisation des formes suivantes, dont aucune n'est conforme à la grammaire française :

Je serai présent(e)
Je serai présent-e
Je serai présent/e

En outre, dans certains formulaires, notamment dans les demandes d'emploi, on peut recourir à une note explicative au début ou à la fin du texte, pour indiquer clairement que la forme masculine non marquée désigne aussi bien les femmes que les hommes. Ainsi, dans toutes les rubriques, on utilise, pour plus de commodité, la forme masculine non marquée. Ce procédé peut également être utilisé dans divers textes suivis, tels que contrats, conventions collectives, etc.

Exemple :
Nom et titre du supérieur immédiat
et non
Nom et titre du (de la) supérieur(e)
immédiat(e)

Ou encore, on tentera d'utiliser certains termes génériques englobant les hommes et les femmes, précédés de l'article approprié.

Exemples :
Toute personne désirant offrir...
Le personnel est invité...
Les fonctions relatives au poste
de président...
Le programme des congressistes et
des personnes accompagnantes...

Dans certains cas, on peut également avoir recours au masculin pluriel, conformément aux règles d'accord grammatical.

Exemple :
Les infirmières et les infirmiers seront
désignés...; ils pourront...[1]

2.3.1 Correspondance adressée à un couple

Le problème de la féminisation se pose également lorsqu'on s'adresse à un couple. Il existe certaines formules traditionnelles, mais qui ne correspondent pas toujours à l'évolution sociale actuelle.

Nous fournissons ci-après une liste de formules qui peuvent être utilisées.

Exemples :
Monsieur et Madame Jean Simard
Monsieur Jean Simard
  et Madame Lise Aubut
Madame Lise Aubut
  et Monsieur Jean Simard
Monsieur le Docteur
  et Madame Jean Simard
Monsieur le Docteur Jean Simard
  et Madame Lise Aubut
Monsieur le Juge
  et Madame Jean Simard
Monsieur le Juge Jean Simard
  et Madame Lise Aubut

---

1. Denys LESSARD. *Le français quotidien des communicateurs et communicatrices*, Office de la langue française, Québec, 1984, p. 11 et 12.

Madame la Ministre Lise Aubut
  et Monsieur Jean Simard
Monsieur et Madame Jean
  et Lise Simard

Note : Dans tous ces exemples, nous nous adressons directement aux personnes, ce qui explique l'utilisation des majuscules pour les titres de fonctions.

2.4 Utilisation de l'impératif et de l'infinitif

Dans l'expression des consignes, il faut veiller à utiliser d'une manière uniforme, du moins à l'intérieur du même formulaire, les verbes à l'infinitif et les verbes à l'impératif.

La forme infinitive est moins prescriptive. On pourra l'utiliser pour donner une série d'instructions très courtes. C'est notamment le cas pour les bordereaux de transmission, les messages téléphoniques, les feuilles de route, les recettes, les panneaux indicateurs, etc.

Exemples :
Prendre note et classer
Retourner avec commentaires
Ajouter... Mélanger...
(dans une recette culinaire)
Ne pas dépasser (sur un panneau routier)

La forme infinitive se présente alors comme une incitation à faire ou à ne pas faire quelque chose et s'adresse à un public étendu.

Note : Dans les instructions exprimées à l'infinitif, on évitera d'employer le pronom «vous» ou le possessif «votre», «vos», ou encore la locution «s'il vous plaît» ou son abréviation «S.V.P.». Si cette règle amène trop de complications dans la construction de la phrase, il est préférable de recourir à l'impératif.

Exemples :
Commencer par l'emploi le plus récent.

et non
Commencer par votre emploi
le plus récent.

Toutefois, pour les divers types de formulaires où l'on demande explicitement à certaines personnes de répondre à une série de questions précises, par exemple pour un formulaire de demande d'emploi, l'utilisation du **vous** sera de mise.

Dans ce cas, il convient d'utiliser l'impératif.

Exemples :
Joignez...
Décrivez...
Commencez...
Expliquez...

Note : Certaines instructions brèves peuvent se présenter sous une forme nominale.

Exemples :
Prière de rappeler M. ...

et non
S.V.P. rappeler M. ...

Défense de stationner

et non
Ne pas stationner S.V.P.

L'expression **S.V.P.** ne peut être utilisée que dans les phrases où l'on utilise un impératif et se place en principe à la fin de la phrase.

Exemples :
Faites-moi parvenir vos commentaires S.V.P.

et non
S.V.P. me faire parvenir vos commentaires.

Mais on pourrait dire aussi : Prière de me faire parvenir vos commentaires.

2.5 Utilisation du singulier et du pluriel

Dans la rédaction des divers formulaires, il faut éviter la pratique qui consiste à mettre des éléments entre parenthèses pour signifier que la phrase ou l'expression peuvent également être écrites au pluriel. Cela alourdit le texte et nuit à sa compréhension.

Exemple :
Comment pourrait(aient) en être influencé(s) le(s) poste(s) que vous sollicitez?

Il est nettement préférable d'employer une tournure de phrase qui évite cet abus de parenthèses.

Exemple :
Dans quelle mesure cela pourrait-il nuire à votre travail?

Ou encore, on optera pour la formule la plus sobre.

Exemples :
Les emplois postulés
Le ou les emplois postulés

et non
Le(s) emploi(s) postulé(s)

Note : Le pluriel inclut, en effet, le singulier.

On utilisera néanmoins le pluriel lorsque cela est commandé par le texte.

Exemple :
Numéros de téléphone : Domicile :
                      Bureau :

2.6 Indication du lieu, de la date et de l'heure

2.6.1 Indication du lieu et de la date

Le lieu et la date sont des mentions essentielles dans plusieurs types d'imprimés ainsi que dans la correspondance. Il est à noter que l'on met une virgule entre les deux éléments, que le nom du mois ne prend pas la majuscule et qu'il n'y a pas de point après le millésime.

Exemple :
Jonquière, le 12 mars 1990

On peut toutefois omettre la mention du lieu si celui-ci figure dans l'en-tête imprimé sur le papier de correspondance ou le formulaire.

Exemple :
Le 12 mars 1990

Note : En principe, on n'indique pas le nom du jour de la semaine. Mais si l'on croit néanmoins devoir le faire, on écrira :«Mercredi 10 janvier 19..» (tandis que, dans le corps d'un texte, on écrira : «...le mercredi 10 janvier 19..»). On ne met jamais de virgule entre le jour et la date ni entre le mois et l'indication de l'année.

On procédera de la même façon lorsqu'on a à indiquer, sur une carte d'invitation, le lieu et la date d'une activité ou d'un événement. Dans ce cas, le nom du jour de la semaine est obligatoirement précédé de l'article *le*.

Exemple :
Le lancement aura lieu
le mercredi 22 avril 1990.

Il est à noter que l'indication de l'année doit se faire en entier, quel que soit le contexte.

Exemples :
Collection printemps 1990

et non
Collection printemps 90

Rapport annuel 1989-1990

et non
Rapport annuel 1989-90 ni 89-90

2.6.2 Indication de l'heure

L'heure est généralement indiquée selon la période de 24 heures. Selon le contexte, on pourra écrire en toutes lettres *heures, minutes* et *secondes* ou utiliser les symboles *h* (heure), *min* (minute) et *s* (seconde). Toutefois, dans la plupart des cas, on omet les symboles *min* et *s*.

Exemples :
Le lancement aura lieu le 22 avril 1990, de 17 h à 21 h, à la salle...

2.6.3 Indication entièrement numérique de la date et de l'heure

Dans certains contextes tels que tableaux, horaires, notes brèves, etc., il arrive que l'on doive présenter d'une manière entièrement numérique la date et l'heure. La date doit alors être présentée de la façon suivante : quatre chiffres représentant l'année, deux, le mois et deux, le quantième. Si l'on fait usage de séparateurs, ils doivent être constitués par un trait d'union ou par un espace entre l'année, le mois et le quantième.

Exemples :
1990-06-16 (16 juin 1990)
ou
1990 06 16

Quant à l'heure, elle est, dans ce cas, indiquée selon la période de 24 heures; on se sert du deux-points pour séparer les heures, les minutes et les secondes.

Exemple :
20:30:06 (20 heures 30 minutes 6 secondes)

Note : Les symboles *h, min* et *s* sont employés pour indiquer la durée.

Exemple :
Le coureur a parcouru la distance en 10 h 14 min 21 s.

2.7 Symboles d'unités monétaires

Lorsque, dans certains imprimés, il est nécessaire d'indiquer une somme d'argent accompagnée du symbole du dollar, on place le symbole littéral $ à droite du nombre indiquant la valeur numérique, en laissant un espace simple entre le montant et le symbole.

Exemple :
Prix du couvert : 20 $

ou
Prix du couvert : 10 $ par personne

et non
10 $/personne

Note : C'est toujours abusivement que l'on emploie la barre oblique dans ce contexte.

Si l'on doit inscrire une unité monétaire à division décimale, le symbole littéral doit être placé à droite du nombre décimal et l'on se sert de la virgule pour séparer l'unité de la décimale.

Exemple :
Prix du couvert : 20,50 $

2.8 Emploi de la majuscule et de la minuscule

Dans la rédaction des imprimés, on veillera à utiliser la majuscule d'une manière correcte et uniforme. D'une part, en respectant sa FONCTION DÉMARCATIVE dans le texte.

On mettra donc une majuscule :

— au premier mot de tous les titres, sous-titres et têtes de rubriques (les titres importants pouvant être écrits entièrement en majuscules);
— au premier mot d'une phrase, d'une citation, etc.

D'autre part, la majuscule joue également dans le texte une FONCTION DISTINCTIVE, en ce sens qu'elle sert à marquer un caractère d'individualité ou de particularité de certaines personnes, groupements ou choses désignés. Nous vous proposons ci-après quelques principes de base qui régissent l'utilisation correcte et uniforme de la majuscule. Pour le choix des sujets traités, nous nous sommes basés sur les erreurs relevées lors du dépouillement des divers imprimés administratifs recueillis. Nous sommes conscients que certaines questions ont été omises; pour celles-ci, nous renvoyons le lecteur au *Français au bureau* et aux autres ouvrages de référence cités dans la bibliographie.

2.8.1 Noms propres

On met une majuscule à tous les noms propres :

Les noms de personnes

Exemple :
Lise Lesieur

Les noms de races, de peuples, de groupes d'habitants

Exemples :
les Montréalais
les Québécois

Toutefois, s'ils sont employés comme noms pour désigner la langue, ou comme adjectifs qualificatifs, ces mots prennent la minuscule.

Exemples :
le peuple québécois
la langue française
(apprendre) l'italien

Les noms de fêtes religieuses, laïques ou nationales, faits, dates et lieux historiques

Exemples :
la Saint-Jean-Baptiste
la Toussaint
la Pentecôte
la fête du Travail
la fête de la Reine
la fête de Dollard
la fête des Mères
la fête des Pères
la fête du Canada
le lundi de Pâques
le Vendredi saint
l'Action de grâces
le Jour de l'an ou Jour de l'An
le Nouvel An
le Mardi gras
les Fêtes ou les fêtes
les Plaines d'Abraham

Les noms géographiques attribués en propre à un pays, à une ville, à une mer, etc.

Exemples :
le Canada
Trois-Rivières
la mer Adriatique

2.8.2 Noms géographiques : toponymes et odonymes

Ils sont généralement formés de deux éléments dont le premier est le générique et le second, le spécifique. Le générique prend une minuscule et le spécifique, une majuscule.

Exemples :
l'océan Pacifique
le mont Mégantic
la rue des Peupliers
60, boulevard Lelièvre

Lorsque le toponyme est un nom composé, on met des majuscules à tous les mots, à l'exception des articles, des prépositions et des conjonctions.

Exemple :
Saint-Denis-de-Brompton

L'article qui précède le toponyme ne prend la majuscule que dans le cas où il fait partie intégrante du toponyme.

Exemple:
La Tuque

Les points cardinaux rattachés à une voie de circulation commencent par une majuscule.

Exemple:
40, rue Sherbrooke Ouest

Ils prennent également une majuscule lorsqu'ils sont utilisés pour désigner une région géographique.

Exemple:
Commission de transport de l'Est du Québec

2.8.3 Noms de sociétés, d'organismes publics ou privés et d'entités administratives

On met une majuscule au premier mot d'un organisme, d'une entreprise, d'une association, d'une institution, d'une manifestation commerciale ou artistique, etc., lorsqu'on veut souligner le caractère unique de l'entité qu'ils représentent.

Exemples:
Association des marchands d'automobiles du Québec

Cercle des fermières

Centre d'artisanat de Drummondville

Salon du livre de Montréal

Chambre de commerce de Sorel

Le nom des entités administratives (direction, service, section, division, département, etc.) prend également la majuscule lorsqu'on veut souligner le caractère unique des entités dans l'organisation administrative.

Exemples:
la Direction des ventes
le Service du personnel
la Division de l'approvisionnement
la Faculté de droit
le Département de français

Le terme *ministère* fait exception et prend une minuscule. L'usage au Québec est de mettre une majuscule à la désignation du domaine que gère le ministère.

Exemples:
le ministère des Affaires culturelles
le ministère du Loisir, de la Chasse et de la Pêche.

2.8.4 Titres de journaux, de périodiques, de livres, de lois, etc.

On met une majuscule aux titres de journaux, de périodiques, de livres, de lois, etc.

Exemples:
La Presse
le *Bulletin des agriculteurs*
la Loi sur l'aménagement et l'urbanisme (titre exact de la loi)

2.8.5 Fonctions, titres et grades

On met une majuscule aux titres et appellations de convenance lorsqu'on s'adresse aux personnes elles-mêmes, par exemple dans l'appel ou la salutation d'une lettre.

Exemples:
Madame la Vice-Première Ministre,
Monsieur le Directeur,
Veuillez agréer, Madame la Directrice,

Dans le corps d'un texte, et notamment si le titre est accompagné du nom de la personne, on met généralement la minuscule; de plus, les titres de civilité *monsieur, madame, mademoiselle* sont le plus souvent abrégés.

Exemples:
M. Louis Lesieur, ministre du Loisir, de la Chasse et de la Pêche, a fait cette déclaration.

Notre présidente est une femme très dévouée.

Le directeur général sera présent...

Le père Luc Eymard prononcera une conférence...

Mme la ministre sera présente lors de...

Lorsqu'une appellation de convenance accompagne un titre ou une fonction, seule l'appellation de convenance prend la majuscule.

Exemples :
Sa Majesté la reine
Son Éminence le cardinal
Sa Sainteté le pape

Dans la signature, enfin, divers cas peuvent se présenter; nous en fournissons quelques exemples.

La fonction ou profession peut être inscrite sous le nom de la personne et prend une majuscule si elle n'est pas précédée d'une virgule.

Exemple :
Paule Gingras
Agente de gestion
ou
Paule Gingras,
agente de gestion

La fonction ou profession peut également suivre immédiatement le nom, et cela, sur la même ligne. Elle est alors précédée d'une virgule et ne prend pas de majuscule.

Exemple :
Paule Gingras, agente de gestion

Le titre de la fonction peut enfin précéder la signature si le signataire occupe une fonction particulière; la minuscule est le plus souvent utilisée.

Exemple :
Le directeur de l'information,
Simon Mailloux

2.8.6 Accents sur les majuscules

Selon un avis de recommandation de l'Office de la langue française, les majuscules prennent les accents, le tréma et la cédille lorsque les minuscules équivalentes en comportent. Les abréviations prennent également l'accent.

Exemples :
Électr. (Électricité)
N.-É. (Nouvelle-Écosse)

Toutefois, les sigles et les acronymes ne prennent jamais d'accent.

Exemples :
P.E.P.S. (Pavillon de l'éducation physique et des sports)
E.N.A.P. (École nationale d'administration publique)

2.9 Abréviations

L'abréviation consiste à retrancher certaines lettres dans un mot afin d'économiser temps et espace.

Nous présentons en annexe une liste d'abréviations repérées lors du dépouillement des divers imprimés recueillis. Il s'agit pour la plupart d'abréviations usuelles et généralement connues du lecteur. Néanmoins, dans la présentation des imprimés administratifs, on veillera à limiter au maximum l'utilisation d'abréviations afin de ne pas nuire à la clarté et à l'intelligibilité du texte.

Pour les détails relatifs aux diverses règles et techniques de l'abréviation, nous renvoyons le lecteur au *Français au bureau* et aux autres ouvrages de référence mentionnés dans la bibliographie.

Rappelons seulement :

a) Que l'on met un point abréviatif chaque fois que le mot abrégé ne comporte pas la dernière lettre du mot.

Exemple :
adm. (administration)
mais
ltée (limitée)

b) Que, sauf quelques exceptions (voir notre liste en annexe), les abréviations ne prennent pas la marque du pluriel.

Exemple :
les app. (les appartements)
mais
MM. (Messieurs)

c) Que les symboles ne prennent jamais la marque du pluriel et ne sont jamais suivis du point abréviatif.

Exemples :
8 km
6 lb

d) Que chaque lettre d'un sigle est écrite en majuscules; elle est de plus suivie d'un point abréviatif. Si le sigle est très connu, on peut omettre les points abréviatifs.

Exemples :
A.F.Q. (Association des fermiers du Québec)
O.N.U. ou ONU (Organisation des Nations unies)

e) Que, si le point final d'un sigle ou d'une abréviation termine une phrase, il tient lieu de point de fin de phrase.

Ainsi, lorsqu'on utilise l'abréviation *etc.* pour signifier que la liste des éléments énumérés n'est pas terminée, le point abréviatif sert de point final à la phrase.

2.10 Ponctuation

Les divers signes de ponctuation jouent un rôle extrêmement important dans la bonne compréhension d'un texte. Notre propos n'est pas ici de fournir au lecteur un traité sur la ponctuation. Nous le renvoyons plutôt au *Français au bureau* et aux autres ouvrages cités dans la bibliographie. Toutefois, nous soulignerons un certain nombre d'erreurs relevées à maintes reprises dans les imprimés que nous avons analysés.

Ainsi, on ne met pas de point :
— après un titre ou un sous-titre centré;
— après des points de suspension;
— après un nom propre, une raison sociale ou une signature, dans un en-tête de lettre, sur une carte professionnelle, une affiche, etc.;
— après des symboles et unités de mesure;
— après des abréviations qui comportent la dernière lettre du mot abrégé.

Note : Il faut veiller à utiliser d'une manière uniforme les **deux points** après les têtes de rubriques de la formule. Si on décide de les mettre, on le fera systématiquement dans tous les cas où c'est nécessaire.

Ponctuation après les éléments d'une énumération

La principale qui introduit les éléments d'une énumération est toujours suivie des deux points. En principe, on met un point-virgule après chacun des éléments complémentaires, quelle que soit la ponctuation interne, et un point après le dernier élément. Si les éléments de l'énumération ne forment qu'un seul alinéa au lieu d'être disposés verticalement, on utilise aussi un point-virgule.

Au lieu d'un point-virgule, on se sert parfois : 1° d'une virgule si les éléments de l'énumération sont très courts; 2° d'un point si chaque élément de l'énumération constitue une phrase. Il est indispensable que chaque élément puisse se lire à la suite de la principale sans qu'il y ait rupture logique ni grammaticale.

Exemple :
L'ouvrage traite des points suivants :
— règles et usages de la correspondance, **ou**;
— éléments de grammaire et vocabulaire correctif, **ou**;
— règles typographiques, **ou**;
— protocole téléphonique.

Mais si l'un des membres de l'énumération comporte déjà des virgules, on utilise plutôt le point-virgule.

Exemple :
L'ouvrage traite des points suivants :
— règles et usages de la correspondance;
— éléments de grammaire et vocabulaire correctif;

— emploi de la majuscule, des sigles, symboles et abréviations et des signes de ponctuation;
— protocole téléphonique.

Note : Outre le tiret, chaque membre d'une énumération peut être précédé d'une lettre, d'un chiffre, d'un point, etc.

Exemples :
On ne doit pas mettre de point après :
a) un symbole,
b) un titre centré,
c) une raison sociale dans un en-tête de lettre.

Les firmes subventionnées sont :
1. Boutique de sport L.L.G.,
2. Pharmacie Beaudoin & Simard,
3. Restaurant À la bonne fourchette.

2.10.1 Division des textes

Il importe de structurer un texte de façon claire, cohérente et parfaitement uniforme. La division d'un texte se fait généralement selon l'un ou l'autre des deux systèmes décrits ci-dessous.

- Le système traditionnel utilisant lettres et chiffres dans l'ordre suivant :
- chiffres romains : I, II, III, etc.
  (Le chiffre peut être suivi d'un point : I., II., III , etc., ou d'un point et d'un tiret : I.—, II.—, III.—, etc.)
- lettres majuscules : A, B, C, etc.
  (La lettre peut être suivie d'un point : A., B., C., etc. ou d'un point et d'un tiret : A.—, B.—, C.—, etc.)
- chiffres arabes : 1, 2, 3, etc.
  (Le chiffre peut être suivi d'un point, d'un point et d'un tiret, d'une parenthèse fermante ou se présenter sous la forme 1°, 2°, 3°, etc.)
- lettres minuscules : a, b, c, etc.
  (Ces lettres sont généralement suivies d'un point ou d'une parenthèse fermante.)

- Le système numérique international
- 1.   ou 1
  1.1.   ou 1.1
  1.1.1. ou 1.1.1
  1.2.   ou 1.2
  1.2.1. ou 1.2.1
  1.2.2. ou 1.2.2

Dans ce système, afin de préserver la clarté du texte, il est conseillé de ne pas aller au-delà de trois ou quatre chiffres.

N.B. — Dans l'un ou l'autre des deux systèmes, on peut également utiliser le tiret (ou ses équivalents : gros point, losange, etc.) pour indiquer une subdivision à l'intérieur de n'importe quelle division d'un texte.

2.11 Construction de phrases (syntaxe)

Dans la préparation de tout type de formulaire, il faut veiller à utiliser des phrases courtes, à structure simple (sujet, verbe, complément). Ce type de phrase est plus facilement compris et retenu.

Exemple :
Énumérez vos titres et compétences professionnelles reliés à l'emploi postulé.
et non
Où avez-vous acquis une expérience reliée à vos titres et compétences professionnelles pour l'emploi postulé?

2.11.1 Constructions elliptiques

D'autre part, malgré l'espace restreint, il faut, dans la préparation des formulaires, éviter l'utilisation d'expressions exagérément abrégées ou elliptiques. Ces formulations ne respectent pas la syntaxe française et elles sont souvent très ambiguës.

En voici quelques exemples :

Forme fautive	Forme correcte proposée
Client facture originale	Facture originale Exemplaire du client
Client par	Signature du client
Client quantité	Quantité commandée Quantité demandée
Commande client	N° de commande du client
Date facturation	Date de facturation
Exempt taxe fédérale et provinciale	Exempt de taxe fédérale taxe provinciale ou Exemption : taxe fédérale taxe provinciale
Fournisseur quantité	Quantité reçue
Jour et nuit	Ouvert jour et nuit
Permis détaillant manutention carburant	N° de permis
Reçu paiement avec remerciements	Paiement reçu. Merci.
Signature autorisée	Signature de la personne autorisée
1,75 % sur compte passé trente jours	1,75 % sur compte impayé après 30 jours

2.11.2 Constructions pivots

Dans les formulaires bilingues, il faut proscrire les formulations où l'on utilise dans un même énoncé l'anglais et le français.

Exemples :
Permis d'exemption de taxe fédérale
tax licence number
Member's signature du membre

On doit dans tous les cas présenter deux formulations distinctes, l'une en français, l'autre en anglais.

2.11.3 Phrases énumératives

Dans une énumération se rapportant à un même terme, il faut faire attention au choix de la préposition.

Exemples :
pertes de marchandises, dommages aux marchandises
et non
pertes ou dommages aux marchandises

La préposition *aux* convient à *dommages,* mais non à *pertes*. Il faut dans ce cas utiliser deux prépositions différentes.

De même, on n'écrira pas :
Nom *de* votre employeur actuel
ou *le* plus récent
mais
Nom *de* votre employeur actuel
ou *du* plus récent

Dans une énumération, on évitera les formulations telles que «toutes factures, colis, étiquettes, etc.», puisque «toutes» ne peut convenir à l'ensemble des noms énumérés. Il faut plutôt utiliser un *tout* distributif placé devant un nom masculin singulier.

Exemple :
Tout carton, colis, facture, etc.

On peut également répéter *tout, toute* devant chaque nom.

Exemple :
Tout carton, tout colis, toute facture, etc.

Lorsqu'on coordonne deux éléments, on veillera, par souci d'uniformité, soit à répéter l'article devant chaque nom, soit à l'omettre devant les deux.

Exemples :
Sauf sur l'accord et le règlement
ou
Sauf sur accord et règlement
mais non
Sauf sur accord et le règlement

2.11.4 Phrases négatives

Les mots tels que *rien, personne, aucun, jamais, nulle part* s'accompagnent en principe de la négation **ne.**

Exemple :
Aucun état de compte ne sera émis.
et non
Aucun état de compte sera émis.

2.11.5 Division des mots

La division des mots en bout de ligne est souvent une source de problèmes. Nous fournissons ci-après quelques principes de base.

En général, il faut s'en tenir aux règles de l'épellation (division syllabique).

Exemples :
cou/pure
ren/sei/gne/ment
na/tio/nale
obses/sion
in/no/cence
ré/demp/tion

Cependant, il faut éviter de diviser un mot de moins de quatre lettres. Un mot qui comprend déjà un trait d'union doit être divisé à ce trait d'union. Il faut également éviter de couper le dernier mot qui termine une page impaire, de séparer la première lettre du reste du mot ou encore de couper un mot de sorte qu'une syllabe muette finale de deux lettres soit en début de ligne.

De plus, il faut éviter de diviser :

— un *mot* avant ou après un *x* ou un *y* quand ces lettres sont placées entre deux voyelles;

Exemples :
royauté
clairvoyance
existence

— un mot après une apostrophe.

Exemples :
aujourd'hui
presqu'île

De même, on ne doit pas séparer un nom propre des abréviations de titres honorifiques ou de civilité, ou des initiales qui le précèdent :

Exemples :
Mlle Louise Beaupré
J.-J. Rousseau

— ni les nombres composés en chiffres ou suivis d'un nom, les pourcentages, les dates, les sigles, etc.

Exemples :
250 000 habitants
30 %
2 pour 100
le 16 novembre 19..
B.N.Q.

Par contre est permise la coupure entre nom et prénom non abrégé.

Dans le cas des verbes construits avec inversion du pronom, la coupure doit se faire avant le *t* euphonique (pense-/t-il). Elle n'est pas autorisée dans le cas des verbes en *er* à la deuxième personne du singulier de l'impératif suivis de *en* ou *y* (vas-y).

Enfin, la division des mots étrangers s'effectue selon les règles de la langue étrangère.

3

Présentation d'imprimés types

Dans ce chapitre, nous vous présentons vingt et un imprimés administratifs courants. Pour chacun, nous donnons les éléments essentiels qui le composent et certains éléments qui peuvent s'y ajouter. La liste des éléments additionnels n'est pas exhaustive; nous nous sommes limités à ceux qui apparaissaient dans notre corpus de dépouillement. De plus, nous faisons, au besoin, certaines observations relatives aux imprimés administratifs traités. Enfin, nous donnons des exemples pour la majorité des imprimés.

Note : Dans la présentation des éléments essentiels et additionnels, l'ordre choisi n'est pas significatif, puisqu'il doit être adapté aux exigences et aux besoins de l'usager. Pour la même raison, la présentation graphique des exemples ne doit pas être considérée comme uniformisée.

3.1 Bon de commande

Définition

Le *bon de commande* est une formule imprimée que remplit un client, un consommateur ou un commerçant pour demander une marchandise ou un service à un fournisseur dans un délai déterminé et moyennant un certain prix.

Éléments essentiels

— Titre de l'imprimé
— Numéro du bon de commande
— Nom et adresse du fournisseur
— Date de la commande
— Délai ou conditions de paiement
— Date à laquelle la marchandise doit être livrée ou délai de livraison
— Nom et adresse de l'organisme ou de l'entreprise qui effectue la commande
— Quantité commandée
— Désignation des articles commandés
— Prix des articles (On peut indiquer seulement le prix total ou bien le prix unitaire et le prix total suivis, en bas de la colonne, du total général.)
— Signature du client ou de son représentant

Éléments additionnels

— Numéros d'exemption de taxes fédérale et provinciale
— Numéro de référence des articles
— Numéro de la demande d'achat
— Numéro d'autorisation d'achat
— Numéro de compte ou de budget
— Mode de paiement
— Remarques
— Conditions générales (Elles se trouvent le plus souvent au verso.)
— Numéro ou code des articles
— Mode d'expédition
— Point d'expédition franc de port
— Identification des copies (fournisseur, client, etc.)

Observations

— Si l'imprimé est à l'en-tête de l'acheteur, on le nomme *bon de commande*. S'il est à l'en-tête du vendeur ou du fournisseur, il s'appelle *bulletin de commande*.

— L'utilisation du terme «réquisition» dans ce sens constitue un anglicisme.

— L'expression *numéro de permis d'exemption de taxes fédérale et provinciale* se retrouve dans la partie supérieure de l'imprimé, généralement à droite, sous le numéro du bon de commande. Si l'on veut abréger cette mention, on peut le faire, mais dans ce cas on doit conserver les prépositions. La façon d'abréger serait : *n° d'exempt. de taxes féd. et prov.*

Exemple de bon de commande

LOGO RAISON SOCIALE ADRESSE N° DE TÉLÉPHONE		**Bon de commande**
Fournisseur	**N°**	
	Date	

Quantité	Désignation	Prix unitaire	Prix total

Date de livraison	Conditions de paiement	Total général

Approuvé par	Signature

3.2 Bon de travail

Définition

Le *bon de travail* ou la *fiche de travail* est un document qui indique l'exécution du travail à effectuer, la machine adéquate, l'outillage nécessaire, le relevé des heures de travail et toute autre information pertinente reliée à l'exécution du travail.

Éléments essentiels

— Titre de l'imprimé
— Raison sociale de l'entreprise ou de l'organisme
— Identification de la commande
— Identification de l'équipement ou de l'outillage
— Détermination du temps alloué
— Détermination du temps d'exécution
— Calcul de la rémunération
— Date
— Nom du client
— Description du travail
— Indication du kilométrage (distance)
— Facturation
— Signatures (technicien et client)

Éléments additionnels

— Numéro de la commande
— Désignation de la commande
— Objet de la commande
— Numéro ou code de la pièce
— Numéro de dessin
— Nombre de pièces
— Numéro du modèle
— Désignation du matériau ou des matières
— Quantité de matériau ou de matière
— Numéro d'opération
— Poste de travail
— Atelier
— Nom du travailleur
— Pièces à fabriquer
— Pièces fabriquées
— Pièces mises au rebut
— Motif de la mise au rebut
— Temps de préparation
— Temps unitaire
— Salaire brut
— Prime (Si le travail est fait en moins de temps que prévu.)

3.3 Bordereau de transmission

Définition

Le *bordereau de transmission* est un imprimé récapitulatif, sous forme de chemise ou de simple feuille, servant à acheminer les pièces administratives d'un service à un autre.

Éléments essentiels

— Titre de l'imprimé
— Destinataire
— Expéditeur
— Indications relatives au message
— Indications relatives à la réception du message (date, heure, reçu par)

Éléments additionnels

— Nom de l'entreprise
— Espace réservé aux commentaires

Observations

— L'expression *bordereau d'envoi* peut être utilisée comme synonyme de *bordereau de transmission.*

— Quelquefois, le même imprimé peut servir comme message téléphonique et comme bordereau de transmission. Dans ce cas, on divise la formule en deux parties distinctes et on inscrit en titre : *message.*

Exemple de bon de travail

LOGO   **Bon de travail**
RAISON SOCIALE
ADRESSE
N° DE TÉLÉPHONE

	Date
Nom et adresse du client	Identification de la commande
Description du travail	Temps alloué _____ heures Temps d'exécution _____ heures

Équipement utilisé

Quantité	Désignation	Prix unitaire	Total
		Total	Total général

Kilomètres parcourus _____ km × _____ $ = _____ $

Durée totale du travail _____ h × _____ $ = _____ $

Signature du technicien	Signature du client

Exemple de bordereau de transmission

Bordereau de transmission

Destinataire :

Expéditeur :   Tél.:

☐ Prendre note et classer   ☐ Retourner avec plus de détails   ☐ Prière de répondre

☐ Prendre note et faire suivre   ☐ A titre de renseignement   ☐ Préparer réponse pour signature

☐ Prendre note et retourner   ☐ Pour votre approbation   ☐ Pour enquête et rapport

☐ Prendre note et me voir   ☐ Pour votre signature   ☐ Donner suite

☐ Retourner avec commentaires   ☐ A votre demande

Commentaires :

Reçu par :   Date :   Heure :

3.4 Bordereau de livraison

Définition

Le *bordereau de livraison* est un imprimé sur lequel sont énumérés les articles ou les colis qui font l'objet d'une livraison et que le destinataire doit signer pour attester qu'il a effectivement reçu les marchandises commandées.

Éléments essentiels

— Titre de l'imprimé
— Raison sociale de l'entreprise (ou la mention Expéditeur)
— Numéro de compte
— Feuille de route
— Numéro de commande
— Destinataire
  (ou la mention Expédié à)
— Date
— Mode d'expédition
— Quantité

— Description de la marchandise
— Signature du livreur
— Signature du destinataire

Éléments additionnels

— Commandé par
— Préparé par
— Montant de la commande

3.5 Carte-réponse

Définition

La *carte-réponse* est une carte dont le libellé a été préparé et qu'il suffit de remplir pour répondre à une invitation ou à une proposition publicitaire, pour passer une commande ou encore pour demander de la documentation. La *carte-réponse* permet habituellement de répondre sans frais à l'expéditeur, puisque très souvent elle s'insère dans une enveloppe-réponse affranchie.

Éléments essentiels

— Date à laquelle on doit retourner la carte-réponse
— Nombre de personnes présentes (s'il s'agit d'une invitation)
— Objet commandé
  (s'il s'agit d'une commande)
— Signature

Éléments additionnels

— Adresse du signataire
— Identification de l'activité
— Paiement ci-joint

Observations

— Il ne faut pas substituer le mot «carton» au mot *carte* dans l'appellation de cet imprimé. En effet, dans le domaine de l'imprimerie, on définit le carton comme une partie de feuille d'impression comportant deux feuillets ou quatre pages. Le carton peut constituer un cahier à part ou, au contraire, s'encarter dans un groupe de pages pour former un cahier. Ainsi, dans notre contexte, le terme le plus approprié est *carte* et non «carton». On n'utilisera donc pas «carton-réponse» mais bien *carte-réponse*.

Exemple de bordereau de livraison

LOGO
RAISON SOCIALE
ADRESSE
N° DE TÉLÉPHONE

Bordereau de livraison

Expéditeur

Destinataire

N° de compte

N° de commande

Feuille de route

Mode d'expédition

Date

a   m   j

Quantité	Description

Signature du livreur

Signature du destinataire

Exemple de carte-réponse

Carte-réponse

Nous serons
présents ☐

Nous ne pourrons
être présents ☐

Nombre de personnes _____   Paiement ci-joint _____ $

Nom _____

Prière de retourner cette carte-reponse avant le 1ᵉʳ octobre.

Exemple de carte de membre

Centre de la
petite enfance

**Carte de
membre**

La présente atteste que

_____
est membre du C.P.E.

Année 1990   Date d'expiration : _____

N° _____

Responsable

Selon le contexte, on peut aussi utiliser les expressions correctes suivantes : *coupon-réponse, bon-réponse* et *bulletin-réponse*.

— Il est à noter qu'*enveloppe-réponse* est l'expression à retenir plutôt qu'«enveloppe-retour», qui constitue un calque de l'anglais. Au pluriel, on écrit *enveloppes-réponses*.

3.6 Carte de membre

Définition

La *carte de membre* est une petite carte qui atteste qu'une personne est membre d'un groupe, d'un organisme ou d'une association quelconque.

Éléments essentiels

— Nom de l'organisme
   ou du regroupement
— Nom du membre
— Nom du responsable
   ou du secrétaire de l'organisme

Éléments additionnels
— Date d 'entrée en vigueur
de la carte
— Date d'expiration de la carte
— Signature du membre
— Signature du responsable
ou du secrétaire
— Numéro de la carte

Observations
— L'expression *date d'expiration* doit
être utilisée lorsque cela est nécessaire. L'expression abrégée «expiration» est à éviter.
— Il est à noter que l'expression *date
d'entrée en vigueur* est à retenir plutôt que «date effective», qui est un calque de l'anglais.

3.7 Carte d'invitation

Définition

La *carte d'invitation* est une petite carte
ou une feuille rigide sur laquelle on prie une
ou plusieurs personnes de se rendre ou de
se trouver à un endroit, d'assister ou de
prendre part à une activité.

Éléments essentiels
— Nom de l'organisme-hôte
ou des hôtes
— Libellé de l'invitation
— Activité prévue
— Date
— Heure
— Lieu

Éléments additionnels
— R.S.V.P. avant le...
— R.S.V.P. en cas d'empêchement
— Numéro de téléphone
— Prix de présence
— Prix du couvert
— Mentions diverses :
• Cette invitation est valable
pour deux personnes.
• Prière de se munir
de la présente invitation.

• Carte strictement personnelle et
exigée à l'entrée.
• Nombre de billets limité.
— Tenue de ville
— Tenue de soirée

Observations
— Il ne faut pas substituer le mot «carton» au mot *carte* dans l'appellation
de cet imprimé. En effet, dans le
domaine de l'imprimerie, on définit le
carton comme une partie de feuille
d'impression comportant deux feuillets ou quatre pages. Le carton peut
constituer un cahier à part ou au contraire, s'encarter dans un groupe de
pages pour former un cahier. Ainsi,
dans notre contexte, le terme le plus
approprié est *carte* et non «carton».
On n'utilisera donc pas «carton d'invitation» mais bien *carte d'invitation*.
— Dans le cas où l'invitation se rapporte
à un *coquetel*, il est à conseiller
d'adopter l'orthographe française de
préférence à la graphie anglaise
«cocktail».

Note : Il est préférable de remplacer les
mots «conjoint», «conjointe», «époux»,
«épouse» par les termes *compagnon, compagne* ou d'inscrire la mention : *Cette invitation est valable pour deux personnes*.

3.8 Carte professionnelle

Définition

La *carte professionnelle* est une petite
carte sur laquelle on fait imprimer son nom,
sa profession et son adresse à toutes fins
utiles. La carte professionnelle n'est pas utilisée uniquement dans le milieu des affaires ou de l'entreprise en général, mais
aussi dans l'Administration.

Éléments essentiels
— Nom, adresse et numéro de téléphone du particulier, de l'organisme
ou de l'entreprise
— Prénom et nom de la personne et la
fonction qu'elle occupe

Exemples de carte d'invitation

Caisse
populaire
de Martindale
1940-1990

Une invitation...

Le président et les membres du conseil d'administration
de la Caisse populaire de Martindale ont l'honneur de
vous inviter avec votre compagnon ou votre compagne
à un banquet pour souligner le cinquantième
anniversaire de fondation de la caisse.

Cette réception aura lieu
le samedi 9 novembre 1990, à 18 heures, à la salle
paroissiale de Martindale.

Prix du couvert : 15 $ par personne

R.S.V.P. avant le 1er novembre 1990
en composant le (819) 685-1350

Hélène Leblanc,
artiste peintre,

a le plaisir de vous inviter cordialement
au vernissage de ses oeuvres,
le samedi 14 décembre 1990,
à la galerie Paul-Vincent,
205, rue Fortin, à Hull.

Un coquetel sera servi entre 15 h 30 et 18 h.

L'exposition se poursuivra jusqu'au 1er janvier 1991.

Cette invitation est valable pour deux personnes.

Éléments additionnels
— Symbole social (logo) de
l'organisme ou de l'entreprise
— Précisions touchant l'un ou
l'autre aspect de la spécialité

Observations
— On appelle *carte de visite* la carte qui
ne contient que des renseignements
de nature personnelle.

— L'expression «carte d'affaires» suspecte d'anglicisme, est à éviter.
— On ne met généralement pas les titres
et grades universitaires sur les cartes
professionnelles.

Exemples de carte professionnelle

 Gouvernement du Québec
Office de la langue française
Direction des communications

800, place Victoria, 16ᵉ étage
Montréal (Québec)
H4Z 1G8
(514) 873-6565

Monique Maillet-Laganière
Directrice

N.B. — La carte professionnelle des fonctionnaires du Québec est rédigée conformément aux normes du Programme d'identification visuelle.

Louise Michaud
Doyenne
Faculté de droit

Université...
16, rue Notre-Dame
Québec (Québec)   H4A 2C6
(418) 643-2166

1040, 55ᵉ Avenue
Sherbrooke (Québec)
J1H 4B8
Tél. : (819) 566-8866
Téléc. : (819) 567-9012

Marie-Pierre Simoneau,
traductrice

Louis Marois
Chef de division

B.B.M.

Inspection technique
Matériel routier
Région Mauricie –
Bois-Francs

Entreprises B.B.M. enr.
14, avenue Beaumont
Louiseville (Québec)
J1H 4B5
Tél. : (819) 228-4982
Télex. : 640-336
Tél. cell. : (819) 228-5421

3.9 Chèque

Définition

Le *chèque* est un imprimé par lequel une personne donne l'ordre à un établissement financier de remettre, soit à son profit, soit au profit d'un tiers, une certaine somme à prélever sur son crédit.

Éléments essentiels

— Numéro du chèque
— Folio
— Date
— Payez à l'ordre de _____
  La somme de _____
  ou
  Payez la somme de _____
  À l'ordre de _____
— Inscription de la somme
  en chiffres $ _____
— Signature (une ou deux lignes)
— Nom et adresse de
  l'établissement financier
— Raison sociale et adresse de l'organisme ou de l'entreprise qui remplit le chèque

Éléments additionnels

— Nom et adresse imprimés de la personne qui remplit le chèque (dans le cas d'un chèque personnalisé)

Observations

— On ne doit pas employer «blanc de chèque» pour désigner le papier servant à l'établissement d'un chèque. Le terme français correct est *formule de chèque*.
— Le numéro du chèque peut s'inscrire de deux façons :
  chèque n° _____ ou n° _____
  Même si la place de cet élément semble flottante, il est préférable de l'imprimer en haut près du folio.
— Le folio est généralement inscrit en haut du chèque et à droite. On écrit :
  Folio _____ . Il est fautif de dire «numéro de folio», car le folio est par définition un numéro. Dans certains cas, il fait partie d'un code numérique informatique qui se place généralement au bas du chèque.
— Contrairement aux règles du système international, le symbole $ sur un chèque se place devant la somme.

Exemple :

  $ _____ .

— Dans le cas des chèques personnels, il n'y a qu'une seule signature, mais pour certaines raisons d'ordre juridique, il arrive que des chèques doivent être signés par deux personnes.

Exemple de chèque

```
LOGO                    Chèque N°_____    Folio _____
RAISON SOCIALE
ADRESSE                        _____ 19 _____
N° DE TÉLÉPHONE


Payez à l'ordre de _____ $ _____

La somme de _____ Dollars
                                                                        00

                        Signature _____
```

Dans ce cas, on réserve deux espaces.

Exemple :

Signature _____

Signature _____

On écrira en toutes lettres le mot *signature* plutôt que la simple préposition «par», qui est ici un calque de l'anglais.

3.10 Connaissement

Définition

Le *connaissement* est une reconnaissance écrite, émise par un transporteur, attestant qu'il a reçu des marchandises qu'il s'engage à livrer, à un endroit déterminé, à une personne désignée ou à son ordre (le destinataire).

Éléments essentiels

— Titre de l'imprimé
— Date de rédaction du connaissement
— Nom et adresse du transporteur
— Nom et adresse de l'expéditeur
— Nom et adresse du destinataire
— Quantité de colis
— Description des colis
— Poids des colis

— Prix de transport pour chaque type de colis
— Valeur totale déclarée
— Numéro du bon de commande
— Tarification
— Signature du transporteur ou du livreur
— Conditions générales

Éléments additionnels

— Indication précisant si le port est payé
— Frais divers
— Volume du chargement
— Numéro ou code de l'article
— Acompte reçu
— Lieu de chargement
— Itinéraire
— Numéro du wagon
— Numéro de la remorque
— Numéro du conteneur
— Numéro de l'expéditeur

Observations

— À l'origine, ce terme n'appartenait qu'au domaine du transport maritime. Par extension, on l'utilise aujourd'hui pour désigner d'autres types de transports commerciaux.
— On utilise aussi les termes *lettre de voiture* (document du même type pour le transport par terre, par chemin de fer et par voies navigables intérieures) et *lettre de transport*

(document du même type utilisé pour le transport aérien).

— Le connaissement est à la fois un reçu de marchandises, un contrat de transport et un engagement de livraison au titulaire à l'arrivée. Il constitue entre les mains du porteur régulier le titre de propriété des marchandises transportées.

Note : Compte tenu de la grande quantité et de la diversité des éléments que peut contenir un connaissement, nous n'avons pas jugé pertinent d'en présenter un exemple.

3.11 Demande d'achat

Définition

La *demande d'achat* est une formule que remplit un employé pour toute demande de matériel ou de service.

Éléments essentiels

— Titre de l'imprimé
— Numéro de la demande d'achat
— Nom du service demandeur (parfois accompagné de la section du service pour laquelle la marchandise est demandée)
— Date de la demande
— Date pour laquelle la marchandise est demandée
— Quantité commandée
— Description ou désignation des articles
— Prix des articles (soit le prix total seulement, soit le prix unitaire et le prix total suivis, en bas de colonne, du total général)
— Signature du directeur, du chef de service ou de son délégué

Éléments additionnels

— Numéro ou code des articles
— Numéro de compte ou de budget (poste budgétaire)
— Délai de paiement
— Mode d'expédition
— Point d'expédition franc de port
— Mode de paiement

— Numéro de la soumission
— Délai de livraison
— Numéro d'autorisation d'achat
— Conditions générales
— Signature de l'acheteur
— Remarques et justifications de l'achat
— Nom et adresse du fournisseur proposé

Observations

— Selon les contextes, les termes *demande d'approvisionnement, bon de sortie* et *bon de magasin* sont synonymes.

L'inscription du numéro de la demande d'achat doit être *demande d'achat n°* et non «n° de demande d'achat», puisqu'il ne s'agit pas d'une référence à un autre imprimé.

— Il n'est pas nécessaire d'imprimer la mention *signature* lorsqu'on indique le titre ou la fonction de la personne qui doit signer; l'information demandée est alors suffisamment claire.

Exemple :

Chef de service

— Il faut éviter d'utiliser le mot «réquisition» pour désigner une demande d'achat.

Exemple de demande d'achat

LOGO
RAISON SOCIALE
ADRESSE
N° DE TÉLÉPHONE

Demande d'achat

Service demandeur		N°
		Date

Quantité	Désignation	Prix unitaire	Prix total

A livrer le

À

Date

Directeur

3.12 Demande d'emploi

Définition

Le formulaire de *demande d'emploi* est une feuille que les bureaux du personnel des organismes ou entreprises font remplir aux personnes qui sollicitent un emploi.

Éléments essentiels

— Renseignements personnels (nom, prénom, adresse, etc.)
— Études (niveaux, établissements, diplômes, etc.)
— Emplois précédents (nom et adresse de l'employeur, fonctions et responsabilités, motif du départ, etc.)
— Emploi actuel (nom et adresse de l'employeur, date d'entrée en fonctions, tâches, etc.)
— Activités et champs d'intérêt
— Références
— Espace réservé à l'employeur

Éléments additionnels

— Salaire demandé
— Genre de travail souhaité (temps plein, temps partiel, etc.)
— Permis de conduire
— Associations professionnelles dont le candidat est membre

3.13 En-tête de lettre et d'enveloppe

Définition

L'*en-tête de lettre et d'enveloppe* est un texte imprimé ou gravé à la partie supérieure des papiers commerciaux (lettres, enveloppes, etc.) et rappelant, avec la raison sociale de l'entreprise, certains indicatifs (adresse, numéros de téléphone, de télex, de télécopieur, etc.).

Exemple d'en-tête d'enveloppe

Éléments essentiels

— Raison sociale de l'organisme ou de l'entreprise

Éléments additionnels

— Adresse de l'organisme ou de l'entreprise
— Symbole social
— Numéros de téléphone, de télex et de télécopieur
— Nom du service ou du bureau à l'intérieur de l'organisme ou de l'entreprise

Exemple de demande d'emploi

LOGO
RAISON SOCIALE
ADRESSE
N° DE TÉLÉPHONE

Demande d'emploi

La présente demande vous permet de postuler tous les emplois des divers services de la Commission de transport de...

Veuillez remplir cette formule en lettres capitales.
Répondez clairement et de façon précise à toutes les questions.

Renseignements personnels

Nom	Prénom	N° d'assurance sociale

Adresse actuelle	N° Rue		Téléphone
	Ville	Province	Code postal

Adresse permanente	N° Rue	App.	Téléphone
	Ville	Province	Code postal

Citoyenneté

Langues parlées	Langues écrites
Français ☐	Français ☐
Anglais ☐	Anglais ☐

Études

Niveaux	Nom et adresse de l'établissement	De	à	Concentration	Diplôme, certificat ou degré
		19	-19		
		19	-19		
		19	-19		
		19	-19		
		19	-19		
		19	-19		

Exemple de demande d'emploi (suite)

Autres études ou cours de perfectionnement

Titre du cours	Nom et adresse de l'établissement	De	à	Diplôme, certificat ou degré
		19	-19	
		19	-19	
		19	-19	
		19	-19	
		19	-19	
		19	-19	

Emplois précédents

Période d'emploi		Nom et adresse de l'employeur	Fonctions et responsabilités	Motif du départ
De	à			

Emploi actuel

Nom et adresse de l'employeur	Date d'entrée en fonctions	Fonctions et responsabilités

Je ne travaille pas actuellement. ☐

Exemple de demande d'emploi (suite et fin)

Emploi postulé

Fonction désirée

Disponible immédiatement ☐

Disponible le _____ ☐

Accepteriez-vous de travailler

	oui	non		oui	non		oui	non
le soir?	☐	☐	la nuit?	☐	☐	à temps partiel?	☐	☐

Activités et champs d'intérêts

Références

Nom	Adresse et n° de téléphone	Titre ou profession

J'atteste que les renseignements sont véridiques et complets.

	a	m	j

Signature

Espace réservé à l'employeur

Exemple d'en-tête de lettre

Gouvernement du Québec
Ministère des
Affaires culturelles

Bureau du sous-ministre

Exemple d'en-tête d'enveloppe

PAPETERIE GOBEIL INC.
1982. rue Papineau
Trois-Rivières (Québec)
G8Y 5K9

3.14 État de compte

Définition

L'*état de compte* est un document récapitulatif que l'on envoie à un client pour lui rappeler les factures qu'il a reçues et les paiements qu'il a effectués pendant une période donnée.

Éléments essentiels

— Titre de l'imprimé
— Date de l'état de compte
— Dates de facturation
— Numéros de factures
— Débit
— Dates des paiements
— Crédit

— Solde
— Nom et adresse du créancier (personne ou organisme qui émet l'état de compte)

Éléments additionnels

— Numéro de référence du client
— Délai de paiement
— Notes diverses ou remarques
— Solde total

Observations

— Les termes *relevé de compte, relevé* et *relevé de factures* sont des synonymes *d'état de compte*.
— L'état de compte peut faire état d'un solde impayé sur plusieurs factures

Exemple d'état de compte

LOGO RAISON SOCIALE ADRESSE Nº DE TÉLÉPHONE				**État de compte**	
Nom et adresse du client				Date	
Numéro de facture	**Date**	**Description**		**Paiement**	**Solde**
				Montant à payer	

ou sur une seule facture, lorsque, par exemple, une partie seulement du montant de la facture a été payée. On indique donc dans cette rubrique soit *n° de facture*, soit *nᵒˢ de facture*, selon le cas.

— L'indication du délai de paiement se trouve sur un volant que le client retourne au créancier avec le paiement du solde ou d'une partie du solde. Sur ce volant se trouve souvent une case où le client inscrit le montant de son versement.

3.15 Facture

Définition

La *facture* est une pièce comptable établie par un vendeur, indiquant la quantité, la nature et le prix des marchandises vendues, des services rendus ainsi que les conditions de règlement.

Éléments essentiels

— Titre de l'imprimé
— Nom et adresse de l'entreprise ou de l'organisme qui émet la facture
— Date de facturation
— Nom et adresse du client
— Quantité des articles achetés
— Description ou désignation des articles

Exemple de facture

LOGO RAISON SOCIALE ADRESSE N° DE TÉLÉPHONE		**Facture**
Nom et adresse du client		N°
		Date
Quantite	Description	Montant
Conditions de paiement		Total

— Prix (soit le prix total seulement, soit le prix unitaire et le prix total suivis, au bas de la colonne, du total général)
— Numéro de facture
— Conditions de paiement

Éléments additionnels

— Numéro de référence du client
— Numéro de bon de commande du client
— Numéro d'exemption de taxes fédérale et provinciale
— Nom ou numéro de code du vendeur
— Mode d'expédition de la marchandise
— Frais de transport
— Date d'expédition
— Point d'expédition franc de port
— Numéro de connaissement
— Numérotation des articles
— Numéro de référence des articles
— Taxes fédérale et provinciale
— Mode de paiement
— Signature du vendeur
— Pourcentage d'escompte de caisse
— Quantité de marchandises reçues
— Quantité de marchandises en livraison différée
— Nombre de colis
— Poids de la marchandise

Observations

— Si le vendeur établit une facture afin de faire connaître d'avance à l'acheteur le montant de la commande qu'il désire passer, on appelle ce document une *facture pro forma*.

3.16 Inventaire

Définition

L'*inventaire* est un relevé détaillé des marchandises qu'une entreprise a en magasin ou en réserve à une date donnée.

Éléments essentiels

— Titre et numéro de l'imprimé
— Date de l'inventaire
— Désignation ou numéro de code des articles
— Quantité en réserve ou en magasin
— Quantité sortie
— Quantité en commande

Éléments additionnels

— Statistique de consommation annuelle et mensuelle
— Point de commande (Pour les grandes entreprises, cet élément est essentiel.)
— Emplacement de la marchandise (Pour les grandes entreprises, cet élément est essentiel.)
— Différence entre la quantité en réserve et la quantité sortie
— Prix unitaire de la marchandise
— Prix total de la marchandise
— Quantité commandée
— Quantité reçue
— Date des commandes
— Numéro des commandes

Note : Compte tenu de la quantité et de la diversité des éléments que peut contenir un inventaire, nous n'avons pas jugé pertinent d'en présenter un exemple.

3.17 Message téléphonique

Définition

Le *message téléphonique* est un imprimé transmis à quelqu'un pour l'informer qu'une personne a tenté de l'atteindre par téléphone.

Éléments essentiels

— Titre de l'imprimé
— Nom de l'appelé
— Nom de l'appelant ainsi que le nom de l'organisme ou de l'entreprise
— Numéro de téléphone de l'appelant
— Date et heure de l'appel
— Objet de l'appel
— Parafe de la personne qui a pris l'appel

Éléments additionnels

— Mentions diverses :
  • Prière d'appeler
  • Rappellera
  • Meilleur moment pour rappeler
  • Interurbain
  • Urgent
  • Prière de rappeler
  • A reçu votre message
— Numéro du poste téléphonique

Exemples de message téléphonique

LOGO	**Message téléphonique**

Pour :
De la part de :

Tél. :

☐ Prière d'appeler
☐ Doit rappeler

Commentaires :

Reçu par :	Heure :	Date :

LOGO	**Message téléphonique**

Appelé :

Appelant :

Nom de l'entreprise :

Objet de l'appel :

☐ Prière d'appeler   ☐ Doit rappeler   ☐ Urgent

Tél. : _____ Poste : _____

Meilleur moment pour rappeler : _____

Reçu par : _____ Heure : _____

Date : _____

Observations

— Il faut utiliser les expressions *de la part de* et *pour* ou les termes *appelant* et *appelé* plutôt que «DE» et «À».
— De la même façon, on privilégiera les expressions : *reçu par* plutôt que «message pris par». et *objet de l'appel* plutôt que «but» ou «sujet».

3.18 Notagramme

Définition

Le *notagramme* est une formule en liasse divisée en deux parties, l'une destinée à la rédaction d'une courte note, l'autre à la réponse.

Éléments essentiels

— Destinataire
— Expéditeur
— Date
— Objet
— Mention *Message*
— Mention *Réponse*

Éléments additionnels

— Titre de l'imprimé
— Adresse de l'expéditeur
— Direction ou service expéditeur
— Signature
— Date de réponse
— Conserver la feuille...
— Retourner la copie...
— Numéro de la formule

Observations

— L'expression *notagramme* est l'équivalent français des termes anglais : «readi-memo», «*ready memo*», «*speedy*» et «*speedi-memo*».
— Le synonyme *note-liasse* peut aussi être utilisé.
— Il faut faire la distinction entre le *notagramme*, la *note* et la *note de service*. En effet, *la note* et la *note de service* sont différentes du *notagramme*, en ce sens qu'elles ne se présentent pas sous forme de formules en liasse. De plus, il faut se rappeler que si ces documents constituent des moyens de communiquer entre les membres

Exemple de notagramme

LOGO
RAISON SOCIALE

Notagramme

Expéditeur :	**Date :**
Destinataire :	**Objet :**

Message :

Réponse :

Signature :	**Date de réponse :**

Expéditeur : Conserver la copie verte.   Destinataire : Conserver la feuille blanche et retourner la copie rose.

d'une même entreprise, la *note* s'adresse à des supérieurs ou à des égaux, tandis que la *note de service* est destinée à des subordonnés.

— Il faut également éviter la confusion entre le *notagramme* et le *mémo*. Le terme *mémo* est l'abréviation familière de *mémorandum* et constitue une note, prise pour soi-même, d'une chose qu'on ne veut pas oublier.

— Les mentions *expéditeur* et *destinataire* devraient toujours apparaître sur les notagrammes plutôt que les mentions «DE», «À», «nom de l'envoyeur», ou encore «du bureau de» et «envoyez à».

— Le terme *objet* est à privilégier plutôt que le terme «sujet» pour présenter en quelques mots le contenu et le but du notagramme.

3.19 Rapport journalier

Définition

Le *rapport journalier* est un exposé détaillé et circonstancié effectué chaque jour sur un fait ou un ensemble de faits et destiné à faire le point sur une ou plusieurs questions en vue d'informer l'autorité compétente et de l'éclairer quant aux décisions à prendre.

Éléments essentiels

— Titre de l'imprimé
— Nom de l'employé
— Date
— Description des travaux exécutés
— Temps d'exécution du travail
— Signature de l'employé

Éléments additionnels

— Lieu où s'est fait le travail
— Nom et adresse du client
— Commentaires
— Location d'équipement ou d'outillage
— Dommages causés par les travaux
— Déplacements remboursables

Note : Compte tenu de la grande quantité et de la diversité des éléments que peut contenir un rapport journalier, nous n'avons pas jugé pertinent d'en présenter un exemple.

3.20 Reçu

Définition

Le *reçu* est un écrit par lequel une personne reconnaît avoir reçu une somme d'argent ou un objet mobilier à titre de paiement, de prêt, de dépôt, etc.

Éléments essentiels

— Titre de l'imprimé
— Nom du récepteur
— Montant du reçu
— Objet reçu
  (s'il ne s'agit pas d'argent)
— Date
— Signature de l'émetteur
  ou de son représentant

Éléments additionnels

— Signature du récepteur
— Mode de paiement (s'il s'agit d'un reçu pour une somme d'argent)
— Numéro de compte du client (s'il s'agit d'une entreprise qui remet le reçu à un client)
— Mention précisant à qui s'adressent les copies
— Montant du solde à verser (lorsque la somme pour laquelle le reçu est émis n'est qu'un acompte sur un montant global)
— Adresse du récepteur

Exemple de reçu

Dans le cas de reçus pour frais de repas, les éléments essentiels sont :

— Titre de l'imprimé
— Date
— Nom et adresse du restaurant ou de l'établissement hôtelier
— Montant de l'addition
   (Le symbole du dollar suffit pour ce type de reçu.)
— Signature de l'émetteur

3.21 Soumission

Définition

La *soumission* est un écrit par lequel un candidat à un marché fait connaître ses conditions et s'engage à respecter les clauses du cahier des charges.

Éléments essentiels

— Titre de l'imprimé
— Raison sociale et adresse du soumissionnaire
— Nom et adresse du client
— Description du travail, du service ou du bien à fournir
— Délai d'exécution ou de livraison
— Montant de la soumission
— Signature du soumissionnaire
— Date de la soumission

Éléments additionnels

— Signature du client (lorsque la signature de la soumission par le client noue le contrat)
— Clauses et conditions diverses

Note : Compte tenu de la grande quantité et de la diversité des éléments que peut contenir une soumission, nous n'avons pas jugé pertinent d'en présenter un exemple.

4

Vocabulaire

Il faut apporter une attention toute spéciale aux anglicismes et aux impropriétés qui se glissent trop souvent dans la rédaction des imprimés. Nous présentons ci-après une liste des erreurs les plus courantes que nous avons relevées lors du dépouillement, ainsi qu'une liste des anglicismes que nous avons trouvés dans les appellations d'emploi utilisées dans les imprimés.

4.1 Termes et expressions à corriger

Termes et expressions à corriger, classés selon l'ordre alphabétique des termes fautifs

Forme fautive	Forme correcte
A	
À	Destinataire **Fournisseur** (selon le cas) **Appelé** (dans le cas d'un message téléphonique) Remarque : Il est préférable de remplacer la préposition «À» par la mention explicite nécessaire pour éviter les ambiguïtés.
Accident industriel	Accident de travail Accident professionnel
Action prise	Pris en charge Mesures prises
Admission (sur une carte d'invitation) *V. Prix d'admission*	Prix d'entrée (sur une carte d'invitation) Entrée (sur une carte d'invitation)
Affidavit	**Déclaration sous serment** Remarque : Le terme «affidavit» est un anglicisme quand on l'emploie pour parler d'une attestation solennelle de la véracité d'un fait.
Année fiscale	Exercice (financier) **Année financière** Remarque : L'expression **année financière** est plutôt réservée à l'Administration, tandis que les entreprises utilisent davantage **exercice financier**.

Forme fautive	Forme correcte
À percevoir	Port dû
	Remarque : **Port dû** est une expression figée pour indiquer que le prix du transport est payable par le destinataire à l'arrivée.
Argent en main	Encaisse Caisse
Assigner quelqu'un à une tâche	Assigner une tâche à quelqu'un Affecter quelqu'un à une tâche
	Remarque : On assigne une tâche à quelqu'un, et non quelqu'un à une tâche.
Assurance-santé	Assurance-maladie
Attention	À l'attention de À l'intention de
	Remarque : Cette formulation est utilisée pour indiquer la personne à qui s'adresse un appel, un message, un ordre. Dans le cas d'une lettre, on utilise l'expression **À l'attention de**.
Avoir force de contrat	Tenir lieu de contrat

B

Back order (B.O.)	Commande en souffrance Commande en retard
Balance d'un compte	Solde d'un compte
Bénéfices marginaux Bénéfices sociaux	Avantages sociaux
Billet promissoire	Billet à ordre
Blanc de chèque	Formule de chèque
	Remarque : L'expression **chèque en blanc** est utilisée pour parler d'un chèque qu'on a signé sans remplir le blanc réservé à l'indication de la somme.

Forme fautive	Forme correcte
Boni *Bonus*	Prime Gratification Indemnité Remarque : Le terme «bonus» n'existe pas en français. Quant au terme boni, il a plutôt le sens d'un bénéfice quelconque pour une entreprise.
Bris de contrat	Rupture de contrat
Bureau chef	Siège social
Bureau des directeurs	Conseil d'administration

C

Cadre	Case Remarque : Parmi les divers types d'imprimés, nous retrouvons les imprimés à cases.
Calendrier de paie	État de paiement Remarque : L'**état de paiement** s'emploie pour désigner un relevé détaillé des diverses retenues et le calendrier des paiements à effectuer. L'expression «calendrier de paie» est impropre.
Cancellation	Annulation
Cancellé	Annulé
Canceller	Annuler
Carton	Colis Remarques : 1) Le terme **colis** s'emploie pour désigner tout objet destiné à être expédié et remis à quelqu'un. 2) Le terme **carton** se dit d'une boîte en carton fort : **carton à chapeaux, carton à chaussures**.

Forme fautive	Forme correcte
Cédule de livraison	**Calendrier** de livraison **Horaire** de livraison Remarque : Cédule ne s'emploie que dans l'expression **cédule hypothécaire**.
Cédule de travail	**Horaire** de travail **Plan** de travail **Programme** de travail **Prévisions** de travail
Charge additionnelle	**Supplément** Remarque : Le terme **supplément** désigne une somme payée en plus pour obtenir un bien ou un service supplémentaire.
Charge pour un service	**Frais** pour un service
Charger au client	**Mettre** au compte du client **Porter** au compte du client
Charger un article	**Facturer** un article
Charger un client	**Débiter** un client
Ci-bas	Ci-dessous
Ci-haut	Ci-dessus
Cité	Ville Remarque : Le terme **cité** est toutefois correct dans l'expression **cité universitaire**.
C.O.D. (cash on delivery) *V. Payable sur livraison (P.S.L.)*	**Contre remboursement (C.R.)** **Payable à la livraison**
Code	**Code postal** Remarque : Il est toujours préférable d'utiliser l'expression complète.

Forme fautive	Forme correcte
Collection *V. Perception*	Recouvrement Remarque : Le terme «collection» est un anglicisme lorsqu'on l'emploie pour parler de l'action d'une entreprise pour recouvrer des sommes dues.
Commande d'achat	Commande Bon de commande Bulletin de commande Remarque : Si l'imprimé est à l'en-tête de l'acheteur, c'est un **bon de commande**; s'il est à l'en-tête du fournisseur, c'est un **bulletin de commande**.
Compagnie de finance	Société de financement Société de prêts Société de crédit
Compléter un formulaire	**Remplir** un formulaire
Compte à affecter	Compte d'affectation Remarque : On utilise l'expression **compte d'affectation** pour parler d'un compte crédité des bénéfices et débité des virements représentant l'affectation qui est faite de ces bénéfices.
Contenant	Caisse Boîte
Cotation	Prix Remarque : Le terme «cotation», utilisé pour parler de la valeur d'échange demandée par un industriel ou par un commerçant, est un anglicisme.
Coût estimé	Coût estimatif Coût approximatif Coût approché
Coûtant	Établissement des prix de revient Remarque : Le terme «coûtant», employé pour parler de la méthode servant à établir les coûts de production, est un anglicisme.

Forme fautive	Forme correcte
D	

Date d'ancienneté	Date d'entrée en service Date d'entrée en fonctions Remarque : Le temps passé dans une fonction étant l'ancienneté, on ne peut parler en français de «date d'ancienneté».
Date de rédaction	Date de la demande Date de la facture Date de livraison (suivant le cas) Remarque : À la suite de la mention date, on inscrit le titre de l'imprimé ou l'objet. Ex.: date de la facture date de livraison
Date due d'un paiement	Date d'échéance d'un paiement Échéance d'un paiement
Date effective	(Date d') entrée en vigueur Date d'effet Prise d'effet
Date expédiée	Date d'expédition
Date facturée	Date de facturation Date de la facture
Date requise *V. Voulu le*	Demandé pour le Requis pour le À livrer le Remarque : **Requis pour le** ne s'utilise que dans les cas où c'est exigé par une autorité publique.
De	Expéditeur Appelant (message téléphonique) Remarque : Il est préférable de remplacer la préposition «De» par la mention nécessaire pour éviter les ambiguïtés.

Forme fautive	Forme correcte
Débit	Point de vente Remarque : Bien que les expressions **débit de tabac** et **débit de boissons** existent en français, il est préférable d'utiliser **point de vente** dans les imprimés administratifs, plutôt que débit.
Degré d'instruction	Scolarité Études
Dénomination de vingt dollars	**Coupure** de vingt dollars Remarque : Le terme «dénomination» est un anglicisme quand il est employé pour parler d'un billet de banque.
Département de la menuiserie	**Atelier** de menuiserie
Département des achats	**Service** des achats
Département des chaussures d'un grand magasin	**Rayon** ou **comptoir** des chaussures
Dépenses d'opération	Frais d'exploitation
Dépenses encourues	Dépenses engagées Frais engagés Remarque : Sous l'influence de l'anglais, on donne au verbe **encourir** un sens qu'il n'a pas en français, puisqu'il ne s'emploie qu'en parlant de quelque chose de fâcheux.
Détails (sur une facture)	**Description** (sur une facture) **Désignation** (sur une facture) **Libellé** (d'une facture)
Détails (sur un bordereau de transmission)	**Commentaires** (sur un bordereau de transmission)
Donner un dépôt	Verser un acompte
Dû le 6 juin	À payer avant le 6 juin **Dû pour le** 6 juin
Dupliquer	Faire un double

Forme fautive	Forme correcte
E	
Effectif	En vigueur En application
Éligibilité à un emploi	Admissibilité à un emploi Remarque : Le mot **éligibilité** s'emploie uniquement dans le vocabulaire des élections, et c'est sous l'influence de l'anglais qu'on lui prête le sens d'admissibilité.
Emploi demandé	Emploi postulé
En duplicata	En annexe Remarque : L'emploi de **duplicata** est correct s'il s'agit de la copie conforme d'un document. Par contre, s'il s'agit d'un document qui doit être rattaché à un autre, on parle d'**annexe**.
Enregistrements d'un véhicule	Certificat d'immatriculation d'un véhicule
Entrée de journal	Article de (ou du) journal Écriture de (ou du) journal
Escompte sur tous nos articles	Rabais sur tous nos articles Réduction sur tous nos articles Remise sur tous nos articles Remarque : Le mot **escompte** ne désigne pas n'importe quelle sorte de réduction, mais uniquement la réduction du montant d'une dette à terme lorsque celle-ci est payée avant l'échéance.
Estimé	Estimation Évaluation Remarque : Le nom «estimé» n'existe pas en français.

Forme fautive	Forme correcte
Étiquette d'emballage *V. Note de contenu*	Bon de livraison Bordereau de livraison Liste de colisage Note de colisage Remarque : La **liste de colisage** et la **note de colisage** servent surtout à l'établissement de fiches de douanes.
Expédié par	Expéditeur Mode d'expédition Remarque : L'expression «expédié par» porte à confusion, car elle peut aussi bien sous-entendre le nom de l'expéditeur que le mode d'expédition.
Expédiez-nous à	À expédier à Lieu de livraison Destinataire
Extension des articles *V. Montant des articles* *Montant total*	**Prix total** des articles Remarque : Le terme «extension», utilisé pour nommer le résultat de la multiplication du nombre d'articles par leur prix unitaire respectif, est un anglicisme.

F

Facturer (des frais)	Ajouter (des frais) Compter (des frais) Remarque : Le verbe **facturer** signifie porter (une marchandise) sur une facture ou dresser une facture. On ne doit donc pas l'utiliser dans le sens d'ajouter ou de débiter une somme.
Faire application pour un emploi	Faire une demande d'emploi
Figurer	Calculer Estimer Évaluer Prévoir Compter

Forme fautive	Forme correcte
G	
Grand total	Total général
	Total global
	Somme totale
	Somme globale

Forme fautive	Forme correcte
H	
Heures d'affaires	Heures d'ouverture
Heures régulières (de travail)	Heures normales (de travail)
Histoire de famille	Antécédents familiaux
Histoire familiale	Remarque : Les expressions «histoire familiale» ou «histoire de famille» sont des anglicismes quand on les utilise pour parler des faits se rapportant à la famille d'une personne.
Histoire médicale	Antécédents médicaux
	Antécédents personnels
	Remarque : Le mot «histoire» employé au sens d'antécédents est un anglicisme.
Histoire personnelle	Dossier personnel
	Dossier individuel

Forme fautive	Forme correcte
I	
Informations requises	Informations nécessaires
Item (bond de commande)	Article (bon de commande)
	Produit (bon de commande)
	Remarque : On utilise le terme produit lorsqu'il s'agit de marchandises liquides telles que l'essence, le mazout, etc.
Item au budget	Article du budget
Item budgétaire	
Item (comptabilité)	Poste (comptabilité)
V. Item (bon de commande)	Remarque : Tout chapitre d'un livre de comptes et toute opération inscrite dans un livre de comptabilité sont des **postes**, non des «items».
V. Item budgétaire	

Forme fautive	Forme correcte
L	
Lettres moulées	(Lettres) capitales Caractères d'imprimerie
Licence d'exemption de taxes (sur les ventes) *V. Permis de vente*	**Permis** d'exemption de taxes (sur les ventes) Remarque : Ces deux termes existent en français avec des définitions différentes. Sous l'influence de l'anglais, on emploie souvent «licence» à la place de **permis**.
Licence	Plaque d'immatriculation
Licences	Permis de conduire
Livraison pour	Délai de livraison Date de livraison
Livrer	Expédier Remarque : Dans un imprimé, il vaut mieux utiliser **expédier**.
Localité	Ville Remarque : Dans un imprimé, il vaut mieux utiliser **ville**, puisque localité ne s'emploie que pour désigner une petite ville ou un village.
Logement	Domicile Remarque : Dans l'indication d'une adresse, le terme **domicile** est le plus approprié, puisqu'il désigne le lieu ordinaire d'habitation. Dans un imprimé, le terme «logement» ne s'emploie pas.
Longue distance	(Appel) interurbain

Forme fautive	Forme correcte
M	

Marchandise de détail	Marchandise vendue au détail
	Remarque : On parle d'un prix de détail, mais il est impropre d'employer «marchandise de détail», puisque dans ce cas on doit insister sur le mode de vente et utiliser **marchandise vendue au détail**.
Matériel	Matériau Matériaux
	Remarque : «Matériel» ne s'emploie pas pour désigner les diverses matières servant à la construction de quelque chose. Dans ce sens, on parle de **matériau** ou de **matériaux de construction**.
Mémo *Mémo interne* *Mémorandum*	Note Note de service
	Remarques : 1) Le terme **mémo** signifie uniquement : note prise pour soi-même d'une chose qu'on ne veut pas oublier. 2) Quant à la **note**, il faut se rappeler qu'elle s'adresse à des supérieurs ou à des égaux, alors que la **note de service** est destinée à des subordonnés.
Mémo d'achat *V. Réquisition*	Demande d'achat Demande d'approvisionnement
	Remarque : Il ne faut pas confondre la **demande d'approvisionnement** et la **demande de réapprovisionnement**, cette dernière étant un document utilisé pour les marchandises dont le réapprovisionnement est automatique.

Forme fautive	Forme correcte
Mémo d'envoi *Mémo d'expédition*	Avis d'expédition Connaissement Documents d'expédition Feuille de route Feuille d'expédition Lettre de voiture Remarque : On emploiera **documents d'expédition** si les documents adressés au destinataire sont nombreux.
Mémo interbureau *V. Readi memo*	Notagramme Note-liasse Remarque : Les expressions **notagramme** et **note-liasse** s'emploient toujours pour désigner une formule en liasse.
Mémoires de livraison	Documents d'expédition
Montant des articles *Montant total* *V. Extension des articles*	Prix total des articles Remarques : 1) Un **montant** est le total d'un compte, d'une dépense, d'une somme. 2) Quand on parle d'articles, il vaut mieux utiliser **prix total**, puisque le prix total est le prix résultant de la multiplication du nombre d'articles par leur prix unitaire.

N

Nombre	Quantité Remarque : Dans une facture, il est d'usage d'inscrire **quantité** pour le nombre d'articles vendus.
Note de contenu *V. Étiquette d'emballage*	Bon de livraison Bordereau d'expédition Liste de colisage Note de colisage Remarque : L'expression «note de contenu» n'existe pas dans le vocabulaire des imprimés administratifs.

Forme fautive	Forme correcte
N° de client	N° de commande du client Remarque : Il s'agit du numéro de la commande et non de celui du client.
N° de folio	Folio Remarque : L'expression «N° de folio» est redondante, puisqu'un **folio** est par définition un numéro.
N° de vente	N° de facture Remarque : Ce qu'il importe de connaî-tre, c'est le numéro de la facture.

O

Ordonner des marchandises	**Commander** des marchandises
Ordre de matériel	**Commande** de matériel

P

Paie de vacances Allocation de vacances	Indemnité de congé
Par V. Via	Signature Mode d'expédition Remarque : La préposition «par» utilisée seule porte à confusion; il est donc pré-férable de la remplacer par la mention appropriée, selon le contexte.
Pas d'admission	Entrée interdite (sans autorisation)
Passé dû	En souffrance Arriéré Échu Remarque : Dans le vocabulaire des imprimés administratifs, on fait les dis-tinctions suivantes : **En souffrance** s'emploie pour désigner des marchandises, des effets et des quittances. **Arriéré** désigne un paiement qui reste dû. **Échu** s'emploie quand on parle de délai.

Forme fautive	Forme correcte
Payable sur livraison (P.S.L.) *V. C.O.D. (cash on delivery)*	Contre remboursement (C.R.) Payable à la livraison Remarque : L'expression «payable sur livraison» est un anglicisme.
Payable sur réception de la facture	Payable **à la réception** de la facture
Payment	Paiement
Perception *V. Collection*	Recouvrement Remarque : L'action pour une entreprise de recouvrer des sommes dues se dit **recouvrement**. Quant à l'opération par laquelle l'Administration recouvre les impôts directs, on la nomme **perception**. Ces deux mots ne sont pas interchangeables.
Permis de vente *V. Licence d'exemption de taxes* *(sur les ventes)*	Permis d'exemption de taxes sur les ventes Remarque : L'expression «permis de vente» n'est pas appropriée pour parler de l'exonération de la taxe de vente d'un produit.
Personnel clérical	Personnel de bureau
Plan (d'assurance)	Régime (d'assurance)
Plan de pension *Plan de retraite*	Régime de retraite
Position *V. Titre d'emploi*	Fonction
Postuler un poste	Postuler un emploi Remarque : «Postuler un poste» est une expression redondante.
Pour le bénéfice de	Au bénéfice de
Pour revente	Pour revendre

Forme fautive	Forme correcte
Prime de quart	Prime d'équipe Prime de poste Remarque : L'expression «prime de quart» est inexacte pour parler de la majoration de salaire versée au travailleur pour le travail effectué par postes ou par équipes.
Prix d'admission *V. Admission*	Prix d'entrée Entrée
Prix de liste	Prix courant
Prix par (unité) *Prix unité* *V. Unité de prix*	Prix unitaire Prix à l'unité

Q

Quand livré	Date de livraison
Quantité de la présente livraison	Livraison partielle Remarque : Lorsqu'on remet à l'acheteur une partie seulement de la marchandise commandée, on parle de **livraison partielle**.

R

Rapporter	Signaler Remarque : Le terme «rapporter», employé dans le sens de **signaler**, c'est-à-dire faire remarquer ou faire connaître en attirant l'attention, est un anglicisme.
Readi-memo *Ready memo* *Speedi-memo* *Speedy memo* *V. Mémo interbureau*	Notagramme Note-liasse Remarque : Les expressions **notagamme** ou **note-liasse** s'emploient toujours pour désigner une formule en liasse.

Forme fautive	Forme correcte
Record d'absences	Registre des absences Registre d'absences Remarque : Le terme «record» employé au lieu de **registre** pour parler du livre dans lequel sont inscrites régulièrement les absences du personnel est un anglicisme.
Reçu paiement (sur une facture)	Paiement reçu **Pour acquit** (sur une facture) **Payé** (sur une facture)
Références personnelles	Références Remarque : L'expression «références personnelles» est redondante.
Réf. travail n°	Autorisation de travail n° Ordre de travail n° Ordre d'exécution n°
Réglage d'un compte	Règlement d'un compte Remarque : Le **réglage** est l'action de régler un appareil et n'a jamais eu le sens de régler un compte.
Réquisition *V. Mémo d'achat*	Demande d'achat Bon de sortie Bon de magasin Demande d'approvisionnement Remarque : Le terme «réquisition» est un anglicisme chaque fois qu'on l'emploie pour parler d'une formule de demande de matériel ou de service.
Réserver à l'usage du bureau	Espace réservé à l'employeur Espace réservé à l'administration Espace réservé à la direction

S

Séniorité	Ancienneté
Service légal	Service juridique Service du contentieux

Forme fautive	Forme correcte
Sommaire d'ouvrage	Fiche de travail
Sous-total *V. Total partiel*	Somme partielle Total Remarque: Lorsqu'en anglais «subtotal» et «grand total» apparaissent ensemble, le premier peut se traduire par **total** et le second par **total général**.
Surtemps *Temps supplémentaire*	Heures supplémentaires Remarque: Le terme «surtemps» est un anglicisme, tandis que «temps supplémentaire» n'est pas approprié.

T

Taxe de vente	Taxe sur les ventes Remarque: L'emploi de la préposition «de» est fautif dans la désignation de certaines taxes. Aussi doit-on dire **taxe sur les ventes provinciales** plutôt que «taxe de vente».
Taxe de vente en sus	Taxe à l'achat Remarque: C'est l'acheteur ici qui paie la taxe de surplus qu'il remettra au vendeur.
Temps double	Heures majorées de 100 % Taux majoré de 100 % Majoration de 100 % Salaire majoré de 100 %
Temps et demi	Heures majorées de 50 % Taux majoré de 50 % Taux majoré de moitié Majoration de 50 % Salaire majoré de 50 %
Temps simple	Tarif normal Taux horaire normal Taux de base
Terme de livraison	Délai de livraison Délai

Forme fautive	Forme correcte
Termes de paiement	Conditions (de paiement) Modalités (de paiement) Remarque : L'expression **termes** au pluriel ne s'emploie que dans les contextes suivants : **être en bons termes, en mauvais termes, parler en termes clairs.**
Termes de vente	Conditions de vente Modalités de vente
Termes et conditions	Conditions générales
Titre d'emploi *V. Position*	Fonction
Total partiel *V. Sous-total*	Somme partielle Remarque : «Total partiel» est à rejeter, puisqu'un total ne peut, par définition, être partiel.
Transport	Mode d'expédition Remarque : Le terme «transport», employé seul, n'est pas suffisamment précis.
Transporteur de destination	Transporteur-livreur Dernier transporteur
Transporteur initial	Premier transporteur

U

Unité de prix *Unité/prix* *V. Prix par*	Prix unitaire Prix à l'unité

Forme fautive	Forme correcte
V	
Vendu à : nom et adresse du client	Client : nom et adresse du client
Vendu par : nom et adresse du vendeur ou du commis.	Vendeur : nom et adresse du vendeur Commis : nom et adresse du commis
Via *V. Par*	Mode d'expédition Remarque : Le terme «via» est un anglicisme, sauf quand il signifie **en passant par (une ville ou un pays)**.
Voiturier	Transporteur Remarque : Dans le domaine des activités commerciales, un voiturier est un conducteur de voiture.
Voiturier du rail	Transporteur ferroviaire
Voucher	Reçu Remarque : Le terme «voucher» n'existe pas en français.
Voulu le *V. Date requise*	Demandé pour le Requis pour le Remarque : **Requis pour le** ne s'emploie que dans les cas où c'est exigé par une autorité publique.

4.2 Anglicismes dans les appellations d'emploi

Forme fautive	Forme correcte
A	
Ajusteur d'assurance	Expert d'assurances Expert en assurances Expert en sinistres
Assistant-chirurgien	Aide-chirurgien
Assistant-comptable	Aide-comptable
Assistant-directeur	Directeur adjoint
Assistant-greffier	Greffier adjoint
Assistant-mécanicien	Aide-mécanicien
Assistant-secrétaire	Secrétaire adjoint Chef adjoint Remarque : Le mot **aide** s'emploie avec les noms de métier ou de profession pour désigner la personne qui exécute des tâches manuelles. Le mot **adjoint** s'emploie pour désigner une personne associée à une autre pour l'aider dans ses fonctions de façon permanente. Quant au mot **assistant**, il exprime surtout une idée d'aide occasionnelle.
Auditeur	Vérificateur Expert-comptable
Aviseur légal	Conseiller juridique
Aviseur technique	Conseiller technique
B	
Barbier	Coiffeur (pour hommes)

Forme fautive	Forme correcte
C	
Coach	Entraîneur Pilote Remarque : L'**entraîneur** est la personne chargée de l'entraînement d'une équipe ou celle qui organise la stratégie de l'équipe à l'occasion des matchs.
Conférencier invité	Conférencier
Contracteur	Entrepreneur
Curateur du musée, de la bibliothèque	Conservateur
D	
Développeur	Promoteur (immobilier) Lotisseur Aménageur (foncier)
Directeur (d'un conseil d'administration)	Administrateur (d'un conseil d'administration)
Disk jockey	Présentateur (de disques) Animateur
E	
Éditeur (d'une publication, d'un journal, etc.)	Directeur (d'une publication, d'un journal, etc.) **Rédacteur en chef** (d'une publication, d'un journal, etc.) Remarque : Un **éditeur** est une personne qui assure la fabrication et la diffusion d'ouvrages, d'oeuvres d'art, etc.
Énumérateur	Recenseur
Exécutif	Directeur Cadre Cadre supérieur Remarque : Le terme **exécutif** est employé correctement comme substantif et comme adjectif quand on parle du **pouvoir exécutif**.

Forme fautive	Forme correcte
G	
Gérant d'artiste	Imprésario
Gérant de banque	**Directeur** de banque
Gérant de la production, de l'expédition, du personnel	**Chef** de la production, de l'expédition, du personnel **Directeur** de la production, de l'expédition, du personnel
Gérant de plancher (d'un grand magasin)	**Chef d'étage**
Gérant des ventes	**Directeur** des ventes
Gérant municipal	**Directeur** des services municipaux **Chef** des services municipaux Remarque : Le terme **gérant** s'emploie dans le commerce pour désigner la personne qui dirige un établissement ou une succursale d'entreprise.
I	
Infirmière licenciée	Infirmière autorisée
Ingénieur de locomotive	**Mécanicien** de locomotive
Ingénieur professionnel	**Ingénieur** Remarque : Sous l'influence de l'anglais, on utilise le qualificatif «professionnel», qui n'est pas nécessaire, puisqu'il n'ajoute rien au sens.
Ingénieur stationnaire	**Mécanicien de machines fixes**
M	
Machiniste de machines-outils	**Ajusteur** de machines-outils
Manufacturier de meubles	**Fabricant** de meubles
Modérateur	**Animateur**

Forme fautive	Forme correcte
O	
Officier de la compagnie	**Membre du bureau** (de direction)
Officier de probation	**Délégué à la liberté surveillée** (pour les personnes mineures) **Agent de probation** (pour les personnes majeures)
Officier du syndicat	**Membre de la direction** du syndicat **Dirigeant** du syndicat **Responsable** du syndicat
Officier rapporteur *V. Sous-officier rapporteur*	**Directeur du scrutin**
P	
Paiemaître	**Payeur**
Pro-maire	**Maire suppléant**
R	
Registraire	**Archiviste de l'État** **Greffier d'un tribunal** Remarque : Le terme **registraire** est utilisé correctement dans le domaine de l'enseignement collégial et universitaire.
Régistrateur	**Conservateur des hypothèques**
Représentant des ventes	**Représentant** (commercial)
S	
Secrétaire exécutif	**Secrétaire de direction**
Sous-contracteur	**Sous-traitant** **Sous-entrepreneur**
Sous-officier rapporteur *V. Officier rapporteur*	**Scrutateur**
Surintendant de la fabrication, de l'entretien	**Chef** de la fabrication, de l'entretien

Forme fautive	Forme correcte
Surintendant d'un immeuble	Concierge Gérant d'un immeuble
Surveillant de la distribution, des services techniques	**Responsable** de la distribution, des services techniques **Chef** de la distribution, des services techniques

T

Tabaconiste	*Marchand de tabac*
Travailleur du métal en feuilles	Tôlier

V

Vice-président exécutif	Vice-président directeur

Bibliographie thématique

Voici quelques ouvrages de base utiles selon les types de difficultés rencontrées.

5.1 Grammaire

5.1.1 Accord des verbes, des adjectifs, des participes passés, etc.

GIRODET, Jean. *Pièges et difficultés de la langue française*, Paris, Bordas, 1986, 896 p.

GREVISSE, Maurice. *Le bon usage : grammaire française avec des remarques sur la langue française d'aujourd'hui*, 12e éd. revue, Paris-Gembloux (Belgique), Duculot, 1986, 1519 p.

GREVISSE, Maurice. *Précis de grammaire française*, 28e éd. revue, Paris-Gembloux (Belgique), Duculot, 1969, 291 p.

HANSE, Joseph. *Nouveau dictionnaire des difficultés du français moderne*, Paris-Gembloux (Belgique), Duculot, 1983, 1014 p.

THOMAS, Adolphe V. *Dictionnaire des difficultés de la langue française*, nouv. éd. revue et corrigée, Paris, Larousse, 1976, 435 p.

VILLERS, Marie-Éva de. *Multidictionnaire des difficultés de la langue française*, Montréal, Éd. Québec/Amérique, 1988, 1143 p.

5.1.2 Conjugaison des verbes

LE BESCHERELLE 1. *L'art de conjuger; dictionnaire de douze mille verbes*, nouv. éd. ent. remise à jour, Montréal, Hurtubise HMH, 1980, 157 p.

5.2 Vocabulaire

5.2.1 Expressions correctes, termes justes, orthographe, étymologie, etc.

BÉNAC, Henri. *Dictionnaire des synonymes*, Paris, Hachette, 1975, 1026 p.

DUBOIS, Jean. *Lexis, dictionnaire de la langue française*, Paris, Larousse, 1979, 2013 p.

MAQUET, Charles. *Dictionnaire analogique : répertoire moderne des mots par les idées, des idées par les mots, d'après les principes de P. Boissière*, Paris, Larousse, 1975, 591 p.

ROBERT, Paul. *Dictionnaire alphabétique et analogique de la langue française*, rédaction dirigée par A. Rey et J. Rey-Debove, nouv. éd. revue, corrigée et mise à jour, Paris, Société du Nouveau Littré, 1987, 2171 p.

5.3 Typographie

5.3.1 Majuscules, ponctuation, division des mots, etc.

CAJOLET-LAGANIÈRE, Hélène. *Le français au bureau*, 3e éd. revue et augmentée, Québec, Office de la langue française, 1988, 268 p. (Cahiers de l'Office de la langue française)

CAJOLET-LAGANIÈRE, Hélène, Pierre COLLINGE et Gérard LAGANIÈRE. *Rédaction technique et administrative*, 2e édition, Sherbrooke, Éditions Laganière, 1986, 325 p.

CLAS, André, et Paul A. HORGUELIN. *Le français, langue des affaires*, 2e éd., Montréal, McGraw-Hill, 1979, 391 p.

CODE TYPOGRAPHIQUE : *choix de règles à l'usage des auteurs et des professionnels du livre*, 12e éd., Paris, Syndicat national des cadres et maîtrises du livre, de la presse et des industries graphiques, 1978, 121 p.

GOURIOU, Ch. *Mémento typographique*, éd. nouvelle entièrement revue, Paris, Hachette, 1973, 122 p.

RAMAT, A. *Grammaire typographique*, Montréal, Aurel Ramat, 1988, 96 p.

5.4 Toponymie

5.4.1 Écriture des noms de lieux, des noms d'édifices, des noms des habitants d'une ville, etc.

DUGAS, Jean-Yves. *Répertoire des gentilés (noms des habitants) du Québec*, Québec, Commission de toponymie, 1987, 258 p.

QUÉBEC (Gouvernement). Commission de toponymie. *Guide à l'intention des éditeurs et des rédacteurs de manuels scolaires*, Québec, Éditeur officiel du Québec, 1983, 41 p.

QUÉBEC (Gouvernement). Commission de toponymie. *Guide odonymique du Québec*, Québec, Commission de toponymie, 1987, 85 p.

QUÉBEC (Gouvernement). Commission de toponymie. *Guide toponymique du Québec*, Québec, Commission de toponymie, 1987, 93 p.

QUÉBEC (Gouvernement). Commission de toponymie. *Répertoire toponymique du Québec*, Québec, Commission de toponymie, 1987, 1900 p.

5.5 Vocabulaire correctif

5.5.1 Anglicismes, barbarismes, etc.

COLPRON, Gilles. *Dictionnaire des anglicismes*, Montréal, Beauchemin, 1982, 200 p.

DAGENAIS, Gérard. *Dictionnaire des difficultés de la langue française au Canada*, 2e éd., Boucherville, Éditions françaises, 1984, 538 p.

DUBUC, Robert. *Objectif : 200, deux cents fautes de langage à corriger*, Ottawa, Éditions Leméac, 1971, 133 p.

LESSARD, Denys. *Le français quotidien des communicateurs et des communicatrices*, Québec, Office de la langue française, 1984, 42 p.

LESSARD, Denys. *Le français quotidien des gestionnaires*, Québec, Office de la langue française, 1984, 42 p.

LESSARD, Denys. *Le français quotidien du personnel de secrétariat*, Québec, Office de la langue française, 1984, 38 p.

TROESTLER, Hubert. *Nota bene*, Québec, Office de la langue française, 1983, 75 p.

5.6 Traduction

ROBERT – COLLINS. *Dictionnaire français-anglais, English-French*, Beryl T. Atkins, Alain Duval, et autres, avec la collaboration du comité du Robert sous la présidence de Paul Robert, Paris, Société du Nouveau Littré; London & Glasgow, Cleveland & Toronto, Collins, 1987, français-anglais : 768 p., English-French : 834 p.

5.7 Ouvrages spécialisés

5.7.1 Alimentation

BOIVIN, Gilles. *Lexique de la restauration chinoise*, Québec, Office de la langue française, 1984, 59 p. (Cahiers de l'Office de la langue française)

MAURAIS, Jacques. *Lexique des boissons gazeuses*, Québec, Office de la langue française, 1980, 41 p. (Cahiers de l'Office de la langue française)

MAURAIS, Jacques. *Lexique des pâtes alimentaires*, Québec, Office de la langue française, 1982, 43 p. (Cahiers de l'Office de la langue française)

VILLA, Thérèse. *Guide de rédaction des menus*, Québec, Office de la langue française, 3e tirage, 1988, 136 p. (Cahiers de l'Office de la langue française)

5.7.2 Édition

LOUBIER, Christiane et collaborateurs. *Vocabulaire de l'édition et de la reliure*, Québec, Office de la langue française, 1987, 55 p. (Cahiers de l'Office de la langue française)

5.7.3 Gestion

LAROUCHE, Léopold et Jean-Yves PILON. *Les organigrammes*, Québec, Office de la langue française, 1974, 233 p. (Cahiers de l'Office de la langue française)

MARTIN, Hélène et Claire PELLETIER. *Vocabulaire de la téléphonie*, Québec, Office de la langue française, 1984, 40 p.

VILLERS, Marie-Éva de. *Vocabulaire des imprimés administratifs*, Québec, Office de la langue française, 1979, 142 p. (Cahiers de l'Office de la langue française)

Annexe 1

Abréviations usuelles et symboles

A

a	année
A	ampère
ac.	acompte
adr.	adresse
ag^{ce}	agence
A/m	ampère par mètre
A.P.	avis de paiement
angl.	anglais
app.	appartement
A/R	avis de réception
arr.	arriéré
art.	article
a/s de	aux (bons) soins de
ass. chôm.	assurance chômage
av.	avenue

B

b. ou b^t	billet
B/	billet à ordre
b. à p.	billet à payer
B/B	billet de banque
b. à r.	billet à recevoir
boul.	boulevard
b^{reau}	bordereau
B.P.	boîte postale
bull.	bulletin

C

¢	cent (monnaie)
°C	degré Celsius
C	coulomb
©	tous droits réservés
c.	contre
C.	code
c.a.	comptable agréé
C.A.	conseil d'administration
c.-à-d.	c'est-à-dire
cat. taxe	catégorie de taxe
c.c.	copie conforme
C/c	compte courant
C.E.	conseil exécutif

cf.	confer (reportez-vous à)
ch.	chemin
ch.	chèque
chap.	chapitre
C. civ.	Code civil
Cie ou Cie	compagnie
circ.	circonscription
cm	centimètre
(cm^2, cm^3)	(carré, cube)
c/o	compte ouvert
col.	colonne
coll.	collection
comm. ou c^{de}	commande
compt.	comptabilité
corresp.	correspondance
C.P.	case postale
C. prov.	cour provinciale
C.R.	contre remboursement
c.r.	compte rendu
c^t	crédit
cté	comté

D

d (unité SI) ou j	jour
déc.	décembre
dép. ou dép^t	département
dest.	destinataire
2e, 2^{es}	deuxième, deuxièmes
dir.	directeur, direction
dm	décimètre
(dm^2, dm^3)	(carré, cube)
$	dollar
D^r, D^{rs}	docteur, docteurs
D^{re}, D^{res}	docteure, docteures
dz	douzaine

E

E.	est
éch^{ce}	échéance
éd.	édition, éditeur
enr.	enregistrée (dans une raison sociale)

env.	environ
esc.	escompte
etc.	et cetera, et caetera
Éts ou Éts	établissements
É.-U. ou U.S.A.	États-Unis d'Amérique
ex.	exemple
exp.	expéditeur

F

F.A.B. ou FAB ou f. à b.	franco à bord
fact.	facture
FB	franc belge
féd.	fédéral
févr.	février
FF	franc français
F.G.	frais généraux
fin.	finance, finances
FS	franc suisse
F.S.	faire suivre

G

g	gramme
G.-B.	Grande-Bretagne
G.L.	grand livre
gouv.	gouvernement

H

h	heure
hab.	habitant
Hz	hertz

I

ibid.	*ibidem (là même, au même endroit)*
id.	*idem (le même, la même chose)*
imp. féd.	impôt fédéral
imp. prov.	impôt provincial
imprim.	imprimerie
inc.	incorporée (dans une raison sociale)
int.	intérêt
inv.	inventaire

J

j (ou d unité SI)	jour
J	joule
janv.	janvier

K

K	kelvin
kA	kiloampère
kg	kilogramme
kg/m^3	kilogramme par mètre cube
kHz	kilohertz
km (km^2, km^3)	kilomètre (carré, cube)
km/h	kilomètre par heure
kPa	kilopascal
kV	kilovolt
kW	kilowatt

L

l ou L	litre
lb	livre, livres
LC ou l/c	lettre de crédit
liq.	liquidation
livr.	livraison
loc.	location
loc. cit.	*loco citato (à l'endroit cité)*
l.p.	liste de prix
L.T.A.	lettre de transport aérien
ltée	limitée (dans une raison sociale)
L.V.	lettre de voiture

M

m (m^2, m^3)	mètre (carré, cube)
M., MM.	monsieur, messiers
m.	mois
mA	milliampère
max.	maximum
m^d	marchand
m^{de}	marchande
m^{dise}	marchandise

M^e, M^{es}	maître, maîtres
mens.	mensuel, mensuellement
mg	milligramme
Mgr	monseigneur
MHz	mégahertz
min	minute
min.	minimum
MJ	mégajoule
ml	millilitre
Mlle, Mlles	mademoiselle, mesdemoiselles
mm (mm^2, mm^3)	millimètre (carré, cube)
Mme, Mmes	madame, mesdames
M.R.C.	municipalité régionale de comté
m/s (m/s^2)	mètre par seconde (par seconde carrée)
ms, mss	manuscrit, manuscrits
m^t	montant
mtée	montée
MV	mégavolt
mV	millivolt
MW	mégawatt
mW	milliwatt

N

N	newton
n.	nom
N.	nord
N.B.	*nota bene (notez bien)*
n^{bre} ou nb	nombre
n/c	notre compte
N.-D.	Notre-Dame
N° ou n°	numéro
N^{os} ou n^{os}	numéros
nov.	novembre
N/Réf.	notre référence

O

O.	ouest
o/	à l'ordre de
oct.	octobre
op. cit.	*opere citato (dans l'ouvrage déjà mentionné)*
oz	once

P

p.	page, pages
paragr. ou §	paragraphe
part.	partie
p. cent, p. 100 ou %	pour cent
p.c^t	prix courant
P.D.	port dû
P.-D.G.	président-directeur général
p. ex.	par exemple
P.F.	prix fixe
pi	pied
p.i.	par intérim
po	pouce
P.M.E. ou PME	petites et moyennes entreprises
p.p.	par procuration
P.P.	port payé
P^r ou prof.	professeur
P.R.	prix de revient
1er, 1ers	premier, premiers
1re, 1res	première, premières
1°	primo (premièrement)
prix unit.	prix unitaire
prov.	province, provincial
P.-S.	post-scriptum
P.V.	prix de vente
P.-V.	procès-verbal

Q

quant. ou q^{té}	quantité
quant. comm.	quantité commandée
quant. exp.	quantité expédiée
QC[1]	Québec
qq.	quelque
qqch.	quelque chose
qqf.	quelquefois
qqn	quelqu'un
quest. ou Q	question

R

r	tour
r.	reçu
R	recommandé
rad/s	radian par seconde
réf.	référence
r/min	tour par minute
r^{o}	recto
R.P.	révérend père
R.R.	route rurale
r/s	tour par seconde
R.S.V.P.	Répondez s'il vous plaît
r^{te}	route

S

s	seconde
S.	sud
s.d.	sans date
sect.	section
S.E.	Son Excellence (ambassadeur ou évêque)
S. Ém.	Son Éminence (cardinal)
sept.	septembre
S.F. ou s.f.	sans frais
S/O, S.O. ou s/o	sans objet

(suite)

sq.	*sequiturque (et suivant)*
sqq.	*sequuunturque (et suivants)*
S^t, S^{ts}	saint, saints
S^{te}, S^{tes}	sainte, saintes
S^{té}	société
suppl.	supplément
S.V.P.	s'il vous plaît ou s.v.p.

T

t	tonne
t.	tome
T.	taxe
t. féd. ou t.f.	taxe fédérale
t. prov. ou t.p.	taxe provinciale
t.v.p.	taxe sur les ventes provinciales
tél.	téléphone
téléc.	télécopie, télécopieur
terr.	territoire
tr.	traité
trad.	traduction
T.S.V.P.	Tournez, s'il vous plaît

V

V	volt
V. ou v.	voir
V. ou v^{te}	vente
v/c.	votre compte
vg ou v	verge
vir^t	virement
V/Réf.	votre référence
v^{o}	verso
vol.	volume

W

W	watt

---

1. Le symbole *QC* est réservé à certains usages techniques : formulaires informatisés, tableaux statistiques, etc.; il ne doit pas être utilisé dans la correspondance.

Abréviations et symboles des provinces et territoires du Canada

Abréviations et symboles des provinces et territoires du Canada

	Abréviation	Symbole
Alberta	Alb.	AB
Colombie-Britannique	C.-B.	BC
Île-du-Prince-Édouard	Î.-P.-É.	PE
Labrador	—	LB
Manitoba	Man.	MB
Nouveau-Brunswick	N.-B.	NB
Nouvelle-Écosse	N.-É.	NS
Ontario	Ont.	ON
Québec	—	QC
Saskatchewan	Sask.	SK
Terre-Neuve	T.-N.	NF
Territoires-du-Nord-Ouest	T.-N.-O.	NT
Yukon	Yn[1]	YT

1. Abréviation proposée par la Commission de toponymie du Québec.

Quelques titres, fonctions et appellations de personnes au féminin

un...	une...	un...	une...

A

un...	une...
accordeur	accordeuse
adjoint	adjointe
adjudant	adjudante
administrateur	administratrice
agent	agente
agriculteur	agricultrice
agronome	agronome
aiguilleur	aiguilleuse
ajusteur	ajusteuse
amateur	amatrice
aménageur	aménageuse
amiral	amirale
analyste financier	analyste financière
animateur	animatrice
annonceur	annonceure
appariteur	apparitrice
arbitre	arbitre
archéologue	archéologue
architecte	architecte
archiviste	archiviste
arpenteur	arpenteuse
artisan	artisane
artiste	artiste
assesseur	assesseure
associé	associée
assureur	assureuse
astrologue	astrologue
astronome	astronome
auteur	auteure
avocat	avocate

B

un...	une...
banquier	banquière
bâtonnier	bâtonnière
bénéficiaire	bénéficiaire
bottier	bottière
boucher	bouchère
boxeur	boxeuse
brigadier	brigadière
bruiteur	bruiteuse

C

un...	une...
câbleur	câbleuse
cadet	cadette
cadre	cadre
camelot	camelot
camionneur	camionneuse
candidat	candidate
canoteur	canoteuse
capitaine	capitaine
caporal	caporale
cardiologue	cardiologue
carreleur	carreleuse
cartographe	cartographe
cavalier	cavalière
cégépien	cégépienne
censeur	censeure
chargé de...	chargée de...
chargeur	chargeuse
charpentier	charpentière
chauffeur	chauffeuse
chef	chef
chercheur	chercheuse
chiropraticien	chiropraticienne
chirurgien	chirurgienne
chroniqueur	chroniqueuse
chronométreur	chronométreuse
client	cliente
coiffeur	coiffeuse
colonel	colonelle
commandant	commandante
commis	commis
commissaire	commissaire
concierge	concierge
conférencier	conférencière
conseiller juridique	conseillère juridique
conservateur	conservatrice
consul	consule
consultant	consultante
contremaître	contremaîtresse
coopérant	coopérante
cotisant	cotisante
courtier	courtière
couturier	couturière

un...	une...	un...	une...
couvreur	couvreuse		
critique	critique		
cytologiste	cytologiste		

F

un...	une...
fabricant	fabricante
facteur	factrice
financier	financière
fondeur	fondeuse
foreur	foreuse
forgeron	forgeronne
formateur	formatrice
fournisseur	fournisseuse
fraiseur	fraiseuse

D

un...	une...
danseur	danseuse
débardeur	débardeuse
débosseleur	débosseleuse
découvreur	découvreuse
décrocheur	décrocheuse
délateur	délatrice
délégué	déléguée
député	députée
détective	détective
diplomate	diplomate
diplômé	diplômée
directeur	directrice
docteur	docteure (médecin)
docteur	docteure (diplômée)

G

un...	une...
garde	garde
gardien	gardienne
général	générale
géologue	géologue
géomètre	géomètre
gérant	gérante
gestionnaire	gestionnaire
gouverneur	gouverneure
graveur	graveuse
greffier	greffière
guide	guide

E

un...	une...
ébéniste	ébéniste
écolier	écolière
économe	économe
économiste-conseil	économiste-conseil
écrivain	écrivaine
éducateur	éducatrice
élève	élève
embaumeur	embaumeuse
employeur	employeuse
encodeur	encodeuse
enfant	enfant
enseignant	enseignante
entraîneur	entraîneuse
entrant	entrante
entrepreneur	entrepreneuse
équarisseur	équarisseuse
étudiant	étudiante
expert	experte
expert-comptable	experte-comptable

H

un...	une...
huissier	huissière

I

un...	une...
imprésario	imprésario
imprimeur	imprimeuse
indicateur	indicatrice
industriel	industrielle
ingénieur	ingénieure
ingénieur civil	ingénieure civile
ingénieur forestier	ingénieure forestière
instructeur	instructrice
intendant	intendante
intérimaire	intérimaire
investisseur	investisseuse

un...	une...	un...	une...
J		**O**	
juge	juge	officiel	officielle
juré	jurée	officier	officière
juriste	juriste	orateur	oratrice
		orfèvre	orfèvre
L		orienteur	orienteuse
lamineur	lamineuse	outilleur	outilleuse
lieutenant	lieutenante	ouvrier	ouvrière
lotisseur	lotisseuse		
		P	
M		participant	participante
machiniste	machiniste	particulier	particulière
magasinier	magasinière	fiduciaire	fiduciaire
magistrat	magistrate	patient	patiente
maire	mairesse	patron	patronne
mannequin	mannequin	patrouilleur	patrouilleuse
manoeuvre	manoeuvre	payeur	payeuse
maraîcher	maraîchère	paysagiste	paysagiste
marchand	marchande	peintre	peintre
marguillier	marguillière	pensionnaire	pensionnaire
marin	marin	pharmacien	pharmacienne
matelot	matelot	pilote	pilote
mécanicien	mécanicienne	plombier	plombière
médecin	médecin	poète	poète
menuisier	menuisière	policier	policière
mésadapté	mésadaptée	polisseur	polisseuse
social	sociale	pompier	pompière
metteur en	metteure en	poseur	poseuse
(scène)	(scène)	potier	potière
ministre	ministre	pourvoyeur	pourvoyeuse
modiste	modiste	préfet	préfète
moniteur	monitrice	premier	première
monteur	monteuse	ministre	ministre
		présentateur	présentatrice
N		président	présidente
naturiste	naturiste	principal	principale
naturopraticien	naturopraticienne	procureur	procureure
navigateur	navigatrice	professeur	professeure
notaire	notaire	programmeur	programmeuse
nudiste	nudiste	promoteur	promotrice

un...	une...	un...	une...
		tuteur	tutrice
		typographe	typographe

R

un...	une...
radiologiste	radiologiste
radiologue	radiologue
rapporteur	rapporteuse
recenseur	recenseuse
recteur	rectrice
rédacteur	rédactrice
régisseur	régisseuse
registraire	registraire
rembourreur	rembourreuse
représentant	représentante
résident	résidente
responsable	responsable
retraité	retraitée
réviseur	réviseure

U

un...	une...
universitaire	universitaire
usager	usagère

V

un...	une...
vérificateur	vérificatrice
vice-président	vice-présidente
vice-roi	vice-reine
voyageur	voyageuse
voyagiste	voyagiste
voyant	voyante

S

un...	une...
salarié	salariée
sauveteur	sauveteuse
savant	savante
scrutateur	scrutatrice
sculpteur	sculpteure
secrétaire	secrétaire
sénateur	sénatrice
sergent	sergente
soldat	soldate
sortant	sortante
souffleur	souffleuse
stagiaire	stagiaire
substitut	substitut
supérieur	supérieure
superviseur	superviseure
surintendant	surintendante
surveillant	surveillante

X

un...	une...
xénophile	xénophile

Z

un...	une...
zootechnicien	zootechnicienne

T

un...	une...
tailleur	tailleuse
tanneur	tanneuse
tapissier	tapissière
technicien	technicienne
titulaire	titulaire
tôlier	tôlière
topographe	topographe
traiteur	traiteuse
trappeur	trappeuse

Bibliographie

ANDERLA, Georges, et Georgette SCHMIDT-ANDERLA. *Dictionnaire des affaires anglais-français, français-anglais Delmas/Delmas Business Dictionary English-French, French-English*, 2e éd., Paris, J. Delmas 1979, 524 p.

CAJOLET-LAGANIÈRE, Hélène. *Le français au bureau*, 3e éd. revue et augmentée, Québec, Office de la langue française, 1988, 266 p. (Cahiers de l'Office de la langue française)

CAJOLET-LAGANIÈRE, Hélène, Pierre COLLINGE et Gérard LAGANIÈRE. *Rédaction technique et administrative*, 2e édition, Sherbrooke, Éditions Laganière, 1986, 325 p.

CARBONNEAU, Hector. *Bulletin de terminologie n° 147*, Hull, Secrétariat d'État, Approvisionnements et Services Canada, 1978.

CLAS, André et Paul A. HORGUELIN. *Le français, langue des affaires*, 2e éd., Montréal, McGraw-Hill, 1979, 391 p.

COLPRON, Gilles. *Dictionnaire des anglicismes*, Montréal, Beauchemin, 1982, 199 p.

COMITÉ D'ÉTUDES DES TERMES DE MÉDECINE. *Vocabulaire de la langue des assurances sociales et assemblées délibérantes*, Montréal, Ayerst (s.d.), 33 p.

DAGENAIS, Gérard. *Dictionnaire des difficultés de la langue française au Canada*, 2e éd., Boucherville, Éditions françaises, 1984, 538 p.

DROLET, André. *Gestion des imprimés administratifs*, Québec, Régie de la langue française, 1975, 92 p.

DUBOIS, Jean. *Lexis, dictionnaire de la langue française*, Paris, Larousse, 1979, 2013 p.

DUVAL, Claude et Jean LEPANOT. *L'imprimé, un outil d'organisation*, Paris, Les éditions d'organisation, 1975.

GREVISSE, Maurice. *Le bon usage : grammaire française avec des remarques sur la langue française d'aujourd'hui*, 12e éd. revue, Paris-Gembloux (Belgique), Duculot, 1986, 1519 p.

L'élaboration des imprimés administratifs, 3e édition, Paris, Service central d'organisation et méthode, 1973.

Les raisons sociales, Québec, Office de la langue française, Éditeur officiel du Québec, 1980, 18 p.

QUÉBEC (Gouvernement). Commission de toponymie. *Répertoire toponymique du Québec*, Québec, Commission de toponymie, 1987, 1900 p.

RAMAT, A. *Grammaire typographique*, Montréal, Aurel Ramat, 1988, 96 p.

ROBERT, Paul. *Dictionnaire alphabétique et analogique de la langue française*, rédaction dirigée par A. Rey et J. Rey-Debove, nouv. éd. revue, corrigée et mise à jour, Paris, Société du Nouveau Littré, 1987, 2171 p.

ROBERT • COLLINS. *Dictionnaire français-anglais, English-French*, Beryl T. Atkins, Alain Duval et autres, avec la collaboration du comité du Robert sous la présidence de Paul Robert. Paris, Société du Nouveau Littré; London & Glasgow, Cleveland & Toronto, Collins, 1987, français-anglais : 768 p., English-French : 834 p.

SECRÉTARIAT D'ÉTAT. *Guide du rédacteur de l'administration fédérale*, Ottawa, Centre d'édition du gouvernement du Canada, 1983, 218 p.

SYLVAIN, Fernand. *Dictionnaire de la comptabilité et des disciplines connexes*, 2e éd. ent. rev., corr. et augm., Toronto, Institut canadien des comptables agréés, 1982, 662 p.

VILLERS, Marie-Éva de. *Vocabulaire des imprimés administratifs*, Office de la langue française, Québec, Éditeur officiel du Québec, 1979, 141 p. (Cahiers de l'Office de la langue française)

Index des sujets traités

* Les mots précédés d'un astérisque sont des formes fautives.

U

V

Z

Notes

Achevé d'imprimer sur les presses de
Les Éditions Marquis, ltée – Montmagny
le quatrième trimestre mil neuf cent quatre-vingt-neuf